官僚はなぜ規制したがるのか
レッド・テープの理由と実態

著――ハーバート・カウフマン
訳――今村都南雄

Red Tape
Its Origins, Uses, and Abuses
Herbert Kaufman

勁草書房

Red Tape: Its Origins, Uses, and Abuses
©2015, The Brookings Institution
Licensed by The Brookings Institution Press, Washington, DC, U.S.A.
through Japan UNI Agency, Inc., Tokyo

本書の表題について

　原著の表題を直訳すると『レッド・テープ——その起源，利用，濫用』となる。本書ではそれを『官僚はなぜ規制したがるのか——レッド・テープの理由と実態』とした。原著の表題をそのまま用いなかったのはどのような事情によるものかについて，あらかじめ説明しておきたい。

　「レッド・テープ」の語源は，17世紀のイギリスにおいて，役所の公文書を赤いひもで括り，書庫の棚などに保存しておいた慣行に由来する。そこからお役所風のしきたり，とくに前例や形式を重んじた政府行政機関での事務処理の仕方，度重ねて応じなければならない煩わしい提出書面の作成やその手続きなどを批判的に広くとらえる用語として使われるようになった。

　日本語では中国伝来の「繁文縟礼（はんぶんじょくれい）」という言葉が当てられる。だから英和辞典で Red Tape の訳語を調べてみると，たいていその語が出てくるはずである。ちなみに国語辞典での説明は「規則・礼式などがこまごましていて煩わしいこと」といった類のもの。戦前であれば，新聞記事などにもかなり頻繁に登場した用語である。しかし戦後になると，「繁文縟礼」の用語例も急速に減ってしまい，その意味はもとよりのこと，その読み方すら知らない人が多くなっている。したがって，本書の表題にそれを採用するのは無理がある。

　それならば，原題をストレートに適用するのはどうか。大英帝国時代を代表する言論人のひとりで，「レッド・テープ」の語を広めるうえで大きな役割を果たしたとされるトーマス・カーライルによれば，彼が生きた19世紀の半ばころには，「レッド・テープのジャングルでの闘い」がすでに世界大の広がりを見せるようになっていたという。上記のようにわが国では，戦前までは「繁文縟礼」の語が用いられていたのだが，それが社会的に使われなくなり，また

外国語のカタカナ表記が氾濫するようになっても，なぜか「レッド・テープ」については新聞の報道記事などで用いられることがなく，実際のところ，すこぶる限定された専門分野での学術用語にとどまっている感が強い。そうなると，それを主たるタイトルとして掲げることにも躊躇を覚えざるをえない。

だがその一方で，カーライルのいう「レッド・テープのジャングルでの闘い」は止むことはなく，今日に至るまで続いている。「レッド・テープ」はまさしく今日的テーマなのであり，そのことは，原著の新版に寄せられたフィリップ・K・ハワードによる新しい序文を一読すればたちどころに納得できるであろう。

本書の表題設定は，こうした諸点について思案をめぐらせた結果であることをご了解いただきたい。

訳者　今村　都南雄

序　文

フィリップ・K・ハワード

　ハーバート・カウフマンは，政府部内の活動についての 20 世紀における最も鋭い観察者のひとりである。1960 年に公刊された『フォレスト・レンジャー (*The Forest Ranger*)』では，かなりの自律性を持った 792 人の——各人が連邦保有地の広大な割当て分を管轄する——森林警備官たちが，牧草地の放牧権，立木果物の採取，火災予防，その他公共資源の利活用に必要とされる多数の選択について，どのようにして理にかなった一貫した決定をなしえたのかを記述している。カウフマンがあざやかに描き出した公的集団文化の描写によれば，森林警備官たちは，柔軟な監視と呼びうる管理方式や特定の地域に入れ込まないようにするローテーション・システムに助けられて，一定の専門職価値を身に付けることができたのであった。

　1977 年公刊の『レッド・テープ』〔本書の旧版〕では，それと非常に異なる政府文化（government culture）が観察対象とされ，1960 年代における諸権利の革命によって変容をこうむった政府文化が扱われている。公共の目標に対処するために公務員にたいして一定程度の自律性を与えるというのではなく，そのかわりに新しいモデルのもとにおいては，公務員の自律性が奪われることにもなった。どんな偏見や金銭目当ての目的が一職員の胸中に潜んでいるかを，いったい誰が知っていたというのか。そこで，以前と違って政府は，ある決定により影響をこうむるであろういかなる人の権利であれ，それこそを考慮に入れた，明確なルールを基礎に組織化されることになった。レッド・テープはもとより新しい事象ではない。〔古代エジプト王の〕ファラオの時代以降のほとんどあらゆる統治形態における参加者たちが，無意味なルールおよび手続きについて不平不満を訴えてきた。ところがその新しい政府モデルは，公務員の裁量を放逐することに熱心であって，〔そのためにかえって〕レッド・テープの大

津波を放置することになってしまったのである。

　私たちはいま，本書の旧版が刊行されてからほぼ40年後の時代にいる。どこにでも官僚制がある。それは動いているのだろうか。『レッド・テープ』は，それが1977年に社会的に有意義だったのと同様に，いまでも有意義なのだろうか。現状を評価するひとつのよい方法は，カウフマンが用いた賛否両論の採点カードに立ち戻って，実際の経験がカウフマンの予期したものと異なったものになっているかどうかを見てみることである。

　『レッド・テープ』は自動制御政府（automatic government）の理想を是認しているように見える。ほかの誰もがそうであるように，カウフマンとても，1960年代の文化的津波からの影響を免れてはいない。実際彼は，『フォレスト・レンジャー』で描き出した非常に異なる政府文化のことについてほのめかすようなこともまったくしていない。『レッド・テープ』は特定の時期に事柄がどのように動いていたかを説明した一政治学者の仕事であって，〔過去の時代との〕比較分析ではない。まるで検死解剖をおこなっているかのように，カウフマンがひとつずつ取り上げてみせたのは官僚制の諸問題——その硬直性，〔職務遂行の〕遅滞，職業上の欲求不満，歪んだインセンティブ，等々——である。官僚制の諸問題についてもっと巧みに描き出そうにも，たぶん誰にもできそうはない。

　ところで，病気の治癒策に導いてくれるであろう診断をあなたたちが期待しているまさにそのときに，官僚制の周縁にある諸問題を除いて，官僚制自体を確たるものとして見定めることができないのはなぜなのか，その理由を彼は入念に説明している。政府に求められる要求があまりに大きすぎるのであって，規則正しさを保つ必要性が生じるのだが，それが意味するのは，各行政機関が「大量の行政規則と規制……を通じて，当該機関の責務を果たす」ようにしなければならない，ということなのである。そのうえ人間の魂にはあまりに大きな邪悪の念が宿り，人びとの不信の念もあまりに大きい。1ドルの窃盗を防ぐのに20ドルを支弁するのが好ましいというようなことにもなる。さればこそカウフマンは，「レッド・テープは私たちの諸制度の上にある突起物というよりは，むしろその中核にあることが判明する」と結論づける。

　『レッド・テープ』はいまなお驚くほど新鮮である。レッド・テープの発現

を継続させている諸力にかんしてカウフマンが観察している事柄はいまもほとんど同一であり——たとえば,「ある人にとってのレッド・テープは,ほかの人にとっては大事な保護装置の手続きである」。カウフマンによる議論の基底にある価値観——すなわち,アメリカが人種差別,性差別,公害,ベトナムでの戦争にかかわる欺瞞,そしてウォーターゲート事件へと取り組んだ10年を通して味わった,権威にたいする危惧の念——はある程度影をひそめたにしても,それが消失することはほとんどありえない。変わったのは官僚制の無力さをまるで,もう自然界の理法のごとく容認するようになった公共文化(public culture)である。カウフマンにとって官僚制は,節操もなく自分たちのやり方を押しつけようとする偏った公務員を抱えていることに対して必要な解毒薬であった。今日では官僚制とは,公共財のための決定も含めて,何事についても負担を負わせようと仕向ける気がない公務員たちにとって〔あらかじめ用意されている〕既定値(default value)なのである。公務員たちは「どうしたら仕事をなし遂げられるか」と尋ねるかわりに,「規則は何をすることを求めているのか」と尋ねるように馴致されているということなのだ。

　公共の目的に対して官僚制が勝利を収めている事態は,1977年におけるよりも今日のほうがそれをたやすく批判できる。その当時は1960年代の激動で社会的な水の流れがまだかき乱されており,新しい官僚制文化(bureaucratic culture)はまだ定着していなかった。合衆国の政府システムも落ち着いてきた。政府が深いわだちに収まって安定し,そこにおいて行政機関が手ぬるい近似的な有効性の尺度で近い過去の目標を追跡するようなことになってくると,そのことにより私たちにも,カウフマンの説明や理論的推理をあらためてふり返り,より明快に理解できるようになってくる。

　しかし『レッド・テープ』は,官僚制の惰性が不可避であることについての説明にとどまるものではない。その著作は,抑制した調子ではあるが,官僚制が優れているとする主張もまた提示している。もとより,レッド・テープが苦痛をもたらすようなことは残念至極であるけれども,しかしそれは,政府における最低水準の一貫性,徳,公正性を確保する唯一の方途でもあるというわけだ。こうして『レッド・テープ』は,私たちが今日知りえている事実に照らしてその結論をテストしてみることを可能にしてくれている。彼が述べている官

僚制は，現に作動する政府において公共の徳および信頼を確保するうえで本当に最善の方途なのであろうか。私はそうは思わない。

　カウフマンは，官僚制が「レッド・テープの沼地」となりうることも承知しており，「多くの人びとがじりじりとして実際の行動開始を待つとき，その遅れで犠牲になるのはいつだって彼らなのである」とわきまえている。しかし彼は，こうした個々人のいらだちは単発的な事例でしかなく，またその被害者たちにしても「個々の事案にありうべき非代表性ということ」に気づいていないとしている。だがそれらは，40年後になっても現実に起きていることなのであって，きれいな画像にまで描かれてないというだけのことである。連邦政府の多くの分野において，そうした沼地は典型的なものであって，事例としての代表性を欠いているわけではないのである。重要な公的決定をなすさいに遅滞が生じることは——たとえば，高速道路事業の環境評価には平均8年を費やしているといったように——外聞の悪い陰口をたたかれるほど予測可能なのだ。大統領ですらその種の手続きの遅滞を出し抜くようなことはできず，2009年の景気刺激政策のうちわずか3.6パーセントしか交通整備事業に支出できなかったのは，オバマ大統領が「すぐさま準備が整い，景気政策として即効性のある公共事業などはありえない」ことを知らされ，がっくりしたからであった。食品医薬品局への承認申請が滞留しているせいで，新薬開発は他国へと追いやられている。政府のIT調達に見られる痛ましさを覚えるような実績——約半分の契約が実際に履行されないありさま——などは，事前に見通せなかったちょっとしたIT器具の不調について担当職員が対処するのを妨げる硬直した規則がもたらした当然の結果である。

　『レッド・テープ』のいたるところでカウフマンは，官僚制が全体のためにはともかく，一定の利害関係者にたいしては有効であるとみなしている。「ある人にとってポイント外れであることがほかの人にとっては本質的なことのように思われるかもしれない。……ポイント外れであるかどうかは相対的なのである」と。しかしながら，官僚制の規則は時の経過とともに累積して筋が通らないものに化してしまうのがしばしばである。連邦政府は82もの別々の教員訓練プログラムを必要としているのだろうか。さらに，少数の人にしかわからない規制が特定の特殊な利害関係者によって擁護されているという事実は，そ

序　文

れを保持する十分な公的理由になりはしないのだ。ニュー・ディール時代の農業者補助金を，大恐慌が終結して75年経っても必要としているのだろうか。1931年にフーバー大統領の署名により成立したデービス＝ベーコン法（Dabis-Bacon Act）で，アメリカ各州の3000の郡（カウンティ）での連邦出資による公共施設建設事業における賃金が法定されているのだが，これについてはどうなのだろうか。

　ポイント外れということ，私の見解ではその概念は，相対的な概念とみなされるべきではない。あれこれの政策プログラムや規制が実質的に公共善を促進しているかどうか。もしも促進していないのであれば，そのプログラムを擁護するのは難しい。特殊利益の権力という現実政治（realpolitik）は，私的財のための公金費消を黙認したり，なんらかの特殊利害に奉仕する規制をもって公共の自由を縮小する理由になりはしないのだ。

　カウフマンは適切にも公務員がスケープゴートであると指摘している。彼が見るところ，真実は公務員が官僚制の最悪のスケープゴートだと締めくくっているそのときに，連中は「賢明で，自己の利益になる」〔戦略をとる〕権力の操作者であるか，もしくは「鈍感で〔かつ〕怠惰な」勤め人であるかのどちらかだと，相反するとがめ立てを受けているというわけなのだ。経験が示すところによれば，時には，これら3つのとらえ方すべてが当たっていることになる。官僚制は正しいことをやろうと試みている人びとの裏をかいて終わる，それが共通分母なのであって，権力を得るために官僚制を使う人心操作にたけた公務員によるものであろうと，責任回避のために官僚制を使うものぐさ公務員によるものであろうと，あるいは，レッド・テープの罠にはまった（善意の公務員を含む）人びとのどこにでもある無力さによるものであろうと，そのことに変わりはない。

　私の考えでは，小さな政府は幻想であるとする点でもカウフマンは正しい。彼が的確に予言しているように，政府の監督を求める人びとの要望は増大する一方となり，きれいな空気や水を保全すること，安全性に欠ける製造物から消費者を保護すること，そして自分たちのコントロールが及ばない経済的諸力の衝撃をやわらげるセーフティネットを人びとに提供することを求めたりする。レッド・テープはまさしく「有害な副産物」のようである。「より多くの自動

車は空中におけるより多くの汚染物質を意味する。……より多くの食物は，私たちが利用する水への化学肥料のより多くの流出を意味する。……同様に，政府がもっと多くの価値を推し進めようとすると，必然的にもっと多くのレッド・テープをもたらすことになるように見える」。しかしカウフマンは，統治することはすなわち，公務員が考えもなしに詳細なルールに従わなければならないことまでを意味すると想定しているかのようだ。それならなぜ，『フォレスト・レンジャー』においてそうであったように，政府職員が執務手引書や監督に従いながらも，公共の目標を果たそうと責任ある行動をとることができないのだろうか。

　カウフマンはまた，異なる政府活動の間で区別立てをしていない。彼も指摘するとおり，移転支出給付金とか税金の処理にかんしては規則に拘束された画一性がたしかに重要である。金銭の支払いの妥当性がどこぞの職員の見方で左右されるようなことは望まない。他方において，安全性にかかわる業務に対する政府監督となれば，おそらくはレッド・テープによってではなく，責任ある人間の判断行使によってこそ果たすのが最善である。政府部局の運営にあたっては，あらゆるマネジメント機能と同様に，ロボット的な厳格なルールと権利への執着ではなしに，物事の優先順位，人びと，問題解決にかんする人間による判断が必要とされる。政府を動かすことは多くの活動の中でも格別であって，政府の官僚制と同一の形をした巨大なグラインダーの中にそれらをぶち込むのとはわけが違うのだ。

　レッド・テープの実際の源泉は私たちであることにカウフマンは注意を促している。レッド・テープにいたる主要なインセンティブは不信の念にあることをカウフマンは見抜いていたのだ。「私たちがお互いをもっと信頼しあい，公務従事者や職員を信頼できたなら，長たらしく細々と詳細をきわめた命令や指示を使って裁量を制限したり，公的活動や私的活動をチェックに次ぐチェックで制限したりせざるをえないと感ずることもなかったであろう」と。実際のところ，公的な信頼は下降スパイラルに陥っていて，政府機能が悪化すれば人びとの政府に対する不信感は深まり，人びとをして厳格なコントロールを求めさせることになる。レッド・テープはこれまで以上のスピードで噴出し，社会を巻き込んで取締りを麻痺させていく。

序　文

　しかしカウフマンは，不信感を創出する条件を緩和するには詳細にわたる規制が有効だと主張する。「きわめて厳格な管理がないことには，政府職員のひとりが少しばかりをこちらからごまかし，ほかのひとりがあちらから少しばかりを失敬し」，結果的に「疑いなく相当なスケール」の盗みになるというのだ。だが『レッド・テープ』が書かれてからの数十年間に実際になされた努力はそれとは反対であって，それが誰であるかがわかる職員に契約責任を与えることのほうが，濫用や浪費を阻止するのに最善の道だということであった。ニューヨーク市における公契約上の不正行為を検証した1986年のソヴァーン委員会の結論によれば，誰にも見つからずに，その中にいれば局面がどちらの方向に傾くかを比較的簡単に見抜ける藪林を備えている，それが官僚制だという。政府職員に対して政府物資を購入するクレジット・カードを与えること――アル・ゴア副大統領による「政府再生」イニシアティブの新方式――によって，物資の不正使用を引き起こすことなしに効率性を高めることができた。彼や彼女がその身分的地位を悪用しないようにする最善の方法は，レッド・テープなどではなく，透明性を備えた個人責任（personal responsibility with transparency）だということである。しかし，1960年代の地位悪用に覆いかぶさるように形成された暗がりにおいて，政府職員に賢明と思われることをなしうる公式上の余地を与えるようなアイディアは，たとえそれが『フォレスト・レンジャー』の著者にしても思いもよらない選択であった。

　最終章の「不毛な一般的治癒策の探求」でカウフマンは，どれも失敗に帰した4つの解決策について述べている。まるでティーパーティ運動の登場を予期していたかのように，彼は適切にも「政府の規模を縮減すること」などは起こりえないと主張している。州に連邦権力を移譲するのは，彼の主張によれば，端的にいって「情報の通信渋滞を増す」だけのことであって，市民的権利の巻き返しをもたらすことにもなろう。それと反対に，連邦政府にいまよりさらに権限を集中することは，中央政府職員が一貫性に向かって努力するにともない，単にさらなるレッド・テープへと至るであろう。最後に，おそらくはキャス・サンスティーンやリチャード・セイラーの仕事を予想してのことか，カウフマンの見るところ，「金銭的インセンティブを操作すること」は予期せざる結果を招きがちになるであろうということであった。かくて彼は，私たちがなしう

るのは「……私情にとらわれない臨床的アプローチであり，肉切り包丁を激しく振り回すよりも小刀を注意深く使うこと」だけであると結論づけている。

　カウフマンが取り上げた可能性のある解決策のどれも，客観的な基準を提供する事前の処方ないしインセンティブを含んではいるが，個人の責任にゆだねられる余地はほとんど残されていないということに注意されたい。何が正しく，もしくは賢明なのかが問題となるその場において責任を有する人間に選択をさせる，もっと広範な諸原則の枠組みについてはどうなのか。たいていのレッド・テープはどのように従うべきかを人びとに教えるために生まれるのであって，公共の目標であるとか説明責任の枠組みを確立するためのものではないのである。

　『レッド・テープ』から完全に抜け落ちているもの，それは人間の責任に基礎をおいた開放的なガバニングのモデルである。人間責任のモデルにおいては──『フォレスト・レンジャー』の「誘導的裁量」のように──政府職員の行動は，無意識の追従とかほかの客観的な測定基準によって判定されるのではなく，彼らの有効性についてのもっと広範な見方によって判断される。民主主義は個々人の責任を通じて課せられるところの目標と原則の構造になる。人びとが権威の連鎖を最後までとことんたどって説明できるようになれば，法律はもはや官僚制のジャングルである必要はない。たしかに今日では，公務員官僚制のゆえに，公共のアカウンタビリティは実際上不存在である。だが，レッド・テープの不可避性を容認するのではなく，レッド・テープから脱するためにはそれがひとつの筋道なのである。

　経営管理の専門家であるピーター・ドラッカーは1960年代の末に，政府が「制御不能」になってきていることに警鐘を鳴らし，個々人の力と責任に全面的な自由の場を与えないかぎりいかなるシステムも機能しないことに警告を発した。政府のあるところ，そこには常になにほどかのレッド・テープが存在しよう。政府のいくつかの構成部分では，移転支出給付金や税金のように指示的ルールを必要とする。しかし，ほとんどの規制機能にとっては，人間の判断が前面に進み出る必要がある。このシステムはなにも特定の職員を信頼することを求めるものではない。責任ある人間が互いにチェックしあう権限を持った，オープンな法的枠組みに信を置くことを求めているのだ。

序　文

　1960年代から立ち現れた専門家たちはなんらかの裁量権を有した政府職員を放逐したいと考えた。人手をかけないですむ政府であるならば，人間の悪だくみや悪用を回避できるだろう。明細なルールによって私たちは私たち自身から救われよう。しかし，それは政府の構築者たちによって意図された構造ではない。「正当な権力」はどこにあるのか。独立宣言が記しているように，それは「被治者の同意に」由来するものだろうか。1970年代には，レッド・テープは単に大きな政府の迷惑な副産物であるように思われた。40年を経て，レッド・テープは必要な公共の選択をするのに必須の中核的権威の死因となっているのだ。

　現代政府の麻痺状態は，人間の責任を回避することに供された統治哲学の不可避的所産である。1970年代以降の豊富な業績——いかに官僚機構が成長し硬直化したかにつき，ニューヨーク大学教授でブルッキングス研究所のスタッフでもあったポール・ライト，「当事者主義の実定法解釈法」につき，ブルッキングス研究所スタッフでバークレーの教授もつとめたロバート・ケーガン，調達にともなうレッド・テープがいかに高コストのひどい製品を配給しているかにつき，ハーバード大学ケネディ・スクール教授のスティーヴン・ケルマン，社会サービス供給におけるレッド・テープの不公平につき，コロンビア大学教授のウィリアム・サイモン，厳格な規則の予期せざる結果につき，ニューヨーク大学教授のピーター・シャック，その他多くの人びとの研究業績によって，規定ルールおよびあまねく認められる諸権利（ubiquitous rights）に基づく規制がいかに失敗を引き起こしているかを教示していただいた。責任ある政府職員が状況に適応して正義をおこない，優先順位を設定し直し，新しい要求に立ち向かう余地はあまりにわずかしかない。彼らが重要な選択をする権限を認められなければ，その際には民主主義はゆっくりと麻痺に向かって進行していくことになる。

　『レッド・テープ』はこの研究分野において確固たる位置を占める業績であり，現行のシステムを正当化する理由を列挙している。規則に拘束されたシステムに対するカウフマンの合理的推論は今日でも相変わらず当たっているであろうか。合衆国政府が現代世界において課せられている多くの責任をどのように果たしうるのか，そのことについて再考するためには，よい政府を求めるい

かなる闘士も，現行の作動システムについてのカウフマンの擁護と真剣に取り組まなければならないのだ。もし彼が正しければ，私たちは果てしない規則との重苦しい歩みを強いられることになる。もし彼が間違っているならば，私たちは歯を食いしばって耐え，もっと人間責任のモデル——カウフマンが『フォレスト・レンジャー』で述べたモデルとあまり変わらない責任モデル——に立脚した政府の再建に努めなければならないのである。

　2015年1月

フィリップ・K・ハワード

緒　言

　　　　　　　　　　　　　　　　　　　　　ブルース・マクローリー

　本書は故カーミット・ゴードンがその発端をつくった。彼がブルッキングス研究所の理事長であった当時のこと，政府研究プログラムの上席研究員だったハーバート・カウフマンに対して，政府のレッド・テープをまともに取り上げた書物がないことに注意を促したことがあった。風刺，慨嘆，告発した文献はある。だが，レッド・テープがどこから発生し，それにかんして何をなしうるか，また何をなしえないかを分析したものは見当たらない。文献に見られるそのギャップは埋めなければならないとゴードンは考えた。かくして，この小著の着想が浮かんだのである。

　ゴードンが本書の主題にかんする彼の強力な知見と見識，豊富な経験を原稿段階で提供してくれたなら，もっとよかっただろうことは疑いがない。しかし，最初の草稿が完成する前に彼は亡くなってしまった。それでも，最初のアウトラインにかんする彼のコメント，研究企画についての著者との予備的な議論が最終的な成果に大きく役立っている。彼に負うところが甚大であることは十分に認識されているところである。

　またカウフマンは，数多くの草稿閲読者の貴重な協力を得て，接近方法や事実にかんする誤りから救われている。レッド・テープを主題として執筆することは政府の全過程について書くことを意味する。考察の焦点をはずさず，分析の構成部分が適切なバランスを保つようにするうえで，学識がある批評家の腹蔵のない助言が必要とされる。著者が主に協力を得た研究者は，ジェームス・ファーレル，チェスター・フィン，ヒュー・ヘクロ，マーク・リトラー，リチャード・ネイサン，ポール・カーク，ハーバート・ロバック，ジェームス・サンドキストであり，その他2人の閲読者から多大な助力をいただいているが，その氏名は慣例に従い伏せておく。

本書の編集にはエリザベス・クロスが当たった。ラドミラ・ニコリシュは読みにくい原稿を美しく読みやすいコピーに見事に換えてくれた。

　研究で提示された意見は著者のものであり，ブルッキングス研究所の評議員，役員，そのほかのスタッフメンバーが責めを負うものではない。

1977年6月

　　　　　　　　　　ブルッキングス研究所理事長　ブルース・マクローリー

目　次

本書の標題について　i

序　　文　iii

緒　　言　xiii

はじめに　1

第Ⅰ章　嫌悪の対象 ──────────────── 3

1　あまりに多い規制要件　5

2　「ポイント外れ」の規制要件　9
　　「不適切な」要件／　重複し矛盾する要件／　惰性／　失敗に帰した規制プログラム

3　沼　　地　21

4　スケープゴート　24

第Ⅱ章　私たち自身が作ったもの ──────────── 31

1　思いやりがいかにレッド・テープを産み出すか　33
　　お互いから人びとを守ること／　苦難を軽減すること／　システム崩壊に先んじて／　思いやりと方便

2　代表性とその帰結　44
　　適正手続／　代表，合理性，行政の有効性／　政府を公共のものに保持する

　　　　　こと／　代表をともなう課税
　　3　多様性，不信，民主主義　59

第Ⅲ章　糸巻きを回し直して―――――――――――――― 61
　　1　不毛な一般的治癒策の探求　64
　　　　　政府を縮減するということ／　連邦権力の移譲／　権限の集中化／　金銭インセンティブの操作／　万能薬はない
　　2　症状の治療　89
　　3　死，走性，そしてレッド・テープ　99

訳者あとがき――解説を兼ねて　103
事項索引　111
機関・組織別索引　113
人名索引　115

※本文中の〔　〕は，訳者による補足である．

はじめに

　レッド・テープはどこでも見られ，また，どこでも嫌われている。人間の精神から生み出されたもので，これほど不人気でありながら，どうしてこれほど広く，これほど永く生きながらえているのだろうか。本書が取り上げるのは，このミステリーである。
　語義学者の間では，レッド・テープという言葉が英国で法律文書を結びあげるのにかつて用いられたリボンに由来することについて一致をみているようである。コモン・ローでは先例に非常に重きが置かれるために，判決のつど，手引になる記録と権威のある記録を徹底して探索することから始めなければならない。そうした仕組みのもとでは，あらゆる法的措置にかんする記録が几帳面に整理され，二重にファイルされているものと想定されている。したがって，リボンでくくられた文書をほどいたり，それを結びあげたりするのに，多数の書記や法律家たちが，かなり多くの時間を費やしているものと思うかもしれない。
　それに対して，次の行動に移ろうとしている市民や行政官たちは，几帳面な係官が忍耐強くリボンをほどいたり結びなおしたりするのを待ちながら，いらいらさせられたり腹を立てたりするにちがいない。そして，待ったあげくに，なんらかの曖昧な昔の決定を理由に次の行動がさえぎられたり，さらに悪いことには，明白な前例が見当たらないことをもって訴えがさえぎられたりしたときには，怒り心頭に達するに相違ない。
　かくして，忌み嫌われるシンボルとしてのレッド・テープの出現となる。文書をくくるリボンなどはとっくに姿を消してしまったのに，リボンが表現する厭わしき態様とやり口は残っている。それらを検証するにあたっての私の目的は，忌み嫌われているそうした事象の信じられないような執拗さについて説明を試み，そうすることで改善の提言に目を向けていただこうとするものである。

レッド・テープにかんしてまじめに立ち向かった文献は多くはない。そのために私は30年ほどの行政研究の過程で形成された印象的な考えに多くを頼らざるをえなかった。そのほとんどは連邦政府における行政管理にかんするものであるが，そこでの議論はもっと広範に応用可能であり，少なくともその他の政府に当てはまるし民間組織にも同様に当てはまると信じている。大規模な組織であれば，レッド・テープの症候を免れうる組織などはないように見える。

　議論は3つのパートから成る。第1のパートでは，忌み嫌われているのは何なのか，なぜそれは忌み嫌われるのかについて叙述する。第2のパートは，どれほどの高邁な動機や理にかなった手法によって，そのように忌み嫌われる結果がもたらされるのかを説明することに当てられる。そして第3のパートでは，事態を改善するための戦略およびそれぞれの改善戦略を採用した場合の見通しについて概観する。

　私は本書の主題に取り組むにあたって，臨床的な距離感を維持することに努めようとした。私はそれが，私たちにむかつく思いをさせたり，いらいらさせたりするだけのもの，あるいは奇妙きてれつなものとは思わない。たいていはパズルを解くときの感覚を味わうことになる。しかしどんなパズルの魅力にも限界があるもので，もしもそれが，私たち自身のために私たちが作り上げてきたような組織生活や政治生活について考えをめぐらせるように仕向けるだけの魅力を持っていなければ，たちまちそのことに興味を失ってしまうのではないかと思う。こうした設定で考察するならば，レッド・テープは私たちの諸制度の上にある突起物というよりは，むしろその中核にあることが判明する。それは実に，まじめに立ち向かうことを求める主題なのである。

第 Ⅰ 章

嫌悪の対象

第 I 章　嫌悪の対象

　まれなことではあるが，レッド・テープを擁護する声が挙がることもある。あるいはまた，その説明を試みた数少ない実例がある[1]。そうした声が聞かれることは滅多にない。止むことがない非難の合唱にかき消されてしまう。誰もがレッド・テープを嫌っているように見える。
　「ように見える」と言ったのは，その見かけの一致が重要な違いを覆い隠しているからである。ある人にとっての「レッド・テープ」は，ほかの人にとっては大事な保護装置の手続きであるかもしれない。その用語は，おそろしくさまざまな組織活動の実際や組織的特徴を表すのに使われている。
　さらに，その用語のほとんどの定義には，共通する不平の組合せが埋め込まれており，不平の原因として指示される特定の事象が異なる場合においてすら，それに対する不平は同じようになる。人びとがレッド・テープをののしるとき，あまりにも数多くのことがその原因だと言い立てられることになる。原因とされる制約条件の多くは要領を得ず，政府機関もひたすら活動するだけのように思われてしまう。つまり，私たちは自分たちにとっておのおの別々の形態のレッド・テープを嫌悪するのだが，それらが同じ理由によるというのである。

1　あまりに多い規制要件

　私たちは何かをしなければならないとか，何かをしてはいけないとか，そんなことを聞かされるのがみんな嫌になっている。たとえ強制的な任務を実際には引き受けたり，禁じ手を犯すのが気に入らないということがあるにしても，その種の命令はあとあとまでにがにがしい気持ちにさせるものである。強制の

---

1. たとえば，Paul H. Appleby, *Big Democracy* (Knopf, 1945), chap.6; Dwight Waldo, "Government by Procedure," in Fritz M. Marx, ed., *Elements of Public Administration* (Prentice-Hall, 1946); Charles S. Hyneman, *Bureaucracy in a Democarcy* (Harper, 1950), chap. 24; Alvin W. Gouldner, "Red Tape as a Social Problem," in Robert K. Merton and others, eds., *Reader in Bureaucracy* (Free Press, 1952).
　これらの論述に共通するひとつのテーマはレッド・テープの相対性である。アップルビーいわく，「レッド・テープは私の業務の一部を成すものであることをあなた方はほとんど知らない」(p.64)。ワルドーいわく，「ある人にとってのレッド・テープはほかの人にとってのシステムである」(p.399)。ハイネマンいわく，「レッド・テープとは，特に毛嫌いするものに対する特別の用語である」(p.522)。グールドナーいわく，「社会問題としてのレッド・テープは，このラベルを使う当事者によって使われる引照枠組みを理解できなければ説明することができない」(p.411)。

要素そのものが不快感をいだかせる。そして，もっと悪いのは，やりたくないことをやらされる羽目になったり，心からやりたいと思っていることを禁じられたりする場合である。

　このごろでは，現行のやり方を転換しようにも簡単ではなく，なんらかの連邦規制や要件の拘束に出くわすことになる。いつの時代もそうだったわけではない。連邦の規制などひとつも受けることなしに，どんな冒険に乗り出すことも可能であるような時代があった。しかし今日では，たとえば，新しい製品を製造したりそれを市場に売り出したりするのにも，おそらくは，労働関係，職業上の安全性，製品の安全性，大気汚染の防止にかんする法規や行政規則に服すことになろう。広告宣伝にしても，たぶん連邦通商委員会の監督を受けることになる。競争企業との関係については司法省が関心を寄せるだろう。株式や社債の売却によって資本金を増やしたいとなれば，証券取引委員会の監視下に置かれる。製品を世界のどこかの地域で販売するには，商務省から輸出免許をとる必要が生じよう。職員の雇用や昇格に際しては，人種，年齢，性の差別を禁ずる連邦政府の規制を免れることができない。顧客に対する信用販売の枠を拡大するとなると，信用取引にかんする法規の適用を受ける。税金，社会保障，年金，国勢調査などの目的による雑多な報告ファイルを整えなければならない。分野によっては，たとえば通信，交通，エネルギー，保険，金融などの分野では，規制と監督がことさら厳格である。しかし，大小のあらゆる企業が多様な連邦政府の要求に従わなければならなくなっている。連邦政府の定める明細な施策要件や連邦職員の指示を無視しては，新しくビジネスを起こし経営に乗り出すこともできないのである。

　この種の影響を受ける活動分野はビジネスだけではない。労働組合，基金，政党，大学，ロビイストも，さらには農業者すらも同様に規制を受けている。政府補助金，ローン，その他の公的支援を受けている者は誰でも，それらの便益には，充足すべき諸条件と義務的要件が付随していることを見いだすことになる。政府の射程(リーチ)は非常に長いのである。

　市場で流布される大量な公式の法規や干渉を束ねることから始めると，うっとうしくなってしまう。法規や干渉の件数は着実に増加しているように見える。メディアはそれを暴露して当惑感をもたらすことに興じている。州政府や地方

第Ⅰ章　嫌悪の対象

政府による類似行動へのいらだちとか，少なからず活発な民間部門の行動によってこうした印象が引き起こされることもあるけれども[2]，しかし最大の制度であり，かつ目に付きやすく，それがもたらす害毒の大半について人びとの目を引きつけるのは連邦政府である。多くの人びとは，まるで四方から自分たちが封じ込められつつあるかのごとく感じ始めているようであり，人びとがレッド・テープを激しく非難するとき見せる反応は，こうした感覚にもとづくものなのである。

人びとの上にのしかかる必要条件の奔流があまりに圧倒的で簡単には従うことができないこともまた，彼らの意気を阻喪(そそう)させる理由である。誠実で正直な市民たちは，自分たちが政府の指示に反していることに気づいて悲嘆に暮れながらも，押し寄せる洪水に簡単には対処することができないのだ。絶望した犠牲者のひとりが述べるところによれば，「私たちは飽和状態に達している。新しい法律のどれもが，またどのレベルの政府の新しい行政機関もが……誠実な市民をして，心ならずもその法律に従うことができないようにさせている。いまや，まっとうで正直な市民が法律に服そうにも服しえないような悲劇的状況なのである」[3]。

連邦政府のアウトプットが巨大であることは，たしかに否定できない。連邦議会だけでも通常の会期に千ページを超える法律を生み出している。連邦裁判所は毎年，数千ページに及ぶ決定と意見を公表するのが常である。連邦行政機関による規制となると，草案と最終形式のもの双方を含めて，年間に合計5万ページ以上になる。とくに諸規制を量産する一機関の場合，記録文書の山が17フィートの高さに十分達するほどだと言われている[4]。もちろん，その記録文書の噴出にはかなりの重複もある。そのうえ，特定の個人や組織に影響を及ぼすであろうものはごくわずかのパーセンテージにすぎない。それでもやはり，なぜレッド・テープが関心事になるかは容易に理解することができる。政府機

---

2. *Government Reports and Statics,* S. Rept. 1616, 90:2 (Government Printing Office, 1968). 小規模ビジネスにかんする上院特別委員会は，調査報告書の37ページで，「州政府および地方政府の報告記録についていえば，それが連邦システムと同様にやっかいなことになってきているという事実から私たちの目をそむけることはもはやできない」と結論づけている。
3. *The Federal Paperwork Burden,* S. Rept.93-125, 93:1 (GPO, 1973), p.55.
4. Ibid., p.4.

関が発する文書の流れは洪水の域に達し，容赦なく増加の一途をたどっているように見受けられる。

　それがまぎれもない脅威となっていることを示すもうひとつの指標は，連邦政府が人びとに提出を求める資料の分量である。提出資料の総数は1年当たりで20億を超えると推定され，これはすなわち，この国の男性と女性，そして子どもの総数のほとんど10倍に当たる。なるほどその7割以上は主に税金に関連しており，主として政府の歳入と社会保障のためのものではあるが，それだけにそのインパクトは著しく広範囲にわたることを意味している。そのうえ，税金関連資料以外の6億の提出資料は非常に多彩であって，連邦行政機関によって公衆に送付することが認められている異なる形式の提出文書は実に5000件を超えている[5]。

　多くの人びとがこうした要求にあえいでいる。年間総収入が3万ドルに満たない個人経営商店でも，1年に52回もの租税書面をファイルしなければならなかった。従業員が50人以下の工場がさまざまな行政機関に提出するために準備しなければならない書類は年間で75件から80件に及んだ[6]。小さな証券取扱会社では7つの異なる行政機関に対して1年間で38件もの提出文書を送った[7]。75人を雇用する製造工場で，勤務時間の半分を費やしてもっぱら義務的計画書と報告文書を書くために2人を当てなければならなかった。100人の従業員を要する会社では，毎年，内国歳入庁に対するだけで70回の支給書類整理をおこなった。小さなラジオ局では，免許更新のために連邦通信委員会によって特定された全情報の提出に際して，2人の従業員を4カ月にわたってはり付けた。その免許更新申請文書が45ポンド〔約20.4キロ〕の重さになったという報告もある[8]。大規模な製薬会社の社長が主張するところによれば，彼の会社が用意した2万7000もの政府提出文書・報告に要した年間費用は500万ドルに達する（「私たちは癌と心臓病のための研究に要したよりも多くの時間当

5．Ibid., p.2; *The Federal Paperwork Jungle,* H. Rept.52, 89:1 (GPO, 1965), pp.23ff.
6．*The Federal Paperwork Burden,* S. Rept.93-125, pp.8, 2.
7．*The Federal Paperwork Burden,* Hearings before the Senate Subcommittee on Government Regulation of the Select Committee on Small Buisiness, 92:2 (GPO, 1972), pt.4, p.1430.
8．*The Federal Paperwork Burden,* S. Rept.93-125, pp.4, 5, 10.

第Ⅰ章　嫌悪の対象

たり仕事量を政府提出文書・報告に費やした」と彼は付け加えている）[9]。個人の確定申告ですら今日では複雑になっているために，申告書面の簡略化に大きな進展があったにもかかわらず，ほとんどの納税者に多大な努力を要求するようになっているばかりか，計算や申告書面の作成業務を手助けする数多くの商業サービスの成長を生み出してきている。

　誰も逃れることはできない。私たちのおのおのがそれぞれの苦言を有している。誰もが類似の苦言を他人からも聴く。彼が抱く不平あるいは彼女の不平について各人は，それが幅広の帯状をなす政府活動の微少な切片を表すにすぎないにせよ，ひとりの人間が感知するにはあまりに巨大なパターンの一部を成すものであることをさとっている。疑いもなく誰も彼もが，レッド・テープによって息が詰まる思いをしはじめているのだ。各人が個人的にはどれほど道理をわきまえていようとも，こうした反応が起こることを確実にしているのは，ほかならぬ巨大化した政府の要求であり制約条件なのである。

2　「ポイント外れ」の規制要件

　しかしながら，個々の市民の観点からするならば，政府の課す制約条件のすべてが理にかなっているわけではない。その制約に服さなければならない人びとにとっては，意味をなさないものもある。自明なこととして正当化される要件であっても，それがあまりに多数になって，人びとが我慢がならないとみなすようなことになった場合など，求められる要件が人びとにとってポイント外れのようだと感じられるのはどのような場合であるのかを推測されたい。これらのケースの多くは，政府の課す制約条件の全体が信用に値しないとまでするものではないであろう。

　もとより，ある人にとってポイント外れであることがほかの人にとっては本質的なことのように思われるかもしれない。価値観やとらえ方は一様ではない。また，所与の特定の施策や政策が必要とされる理由は，たとえそれが明白ではなくとも説得力を持つものとなりうるかもしれない。また要領を得ない説明で

9．Richard D. Wood, "Paperwork, Paperwork," *Washington Post,* July 12, 1976.

あっても，それが一見してポイント外れであることの説明になることもある。あるいはまた，批評者の中で誰かがそれを注意深く評価しようにも，失敗に帰すことだって多分にある。ポイント外れであるかどうかは相対的なのである。

政府の課すなんらかの制約条件をレッド・テープだと攻撃するように人びとを仕向けるのは，その制約の合理性にかんする客観的な測定によるものではなく，政府の課す制約について人びとが感知するときの認知の仕方である。政府機関から打ち出される新しい方針の噴出にかんして，たとえその小部分が一部の人たちを痛撃して無意味であるとされることがあるにせよ，影響をこうむらない人びとの絶対数のほうがはるかに大きいに相違ない。すべての徴表から見て，これがまさしく現実に起きていることなのである。

「不適切な」要件

たとえば，レッド・テープについての苦言の多くは，自分たちがその対象になるはずもなく，おそらくはこれまではなんの意味も持たなかったような命令に服従させられる羽目になったと信じている批判者からのものである。かくて全米公認会計士協会の評議会は，国勢調査局がビジネスマンから集めたいくつかの報告書にかんする証言を上院小委員会でおこなっている。

すなわち，「経済活動にかんするセンサスの調査項目は，その詳細にわたる複雑さにおいて価値が疑わしいものがある。……大量な統計数値の収集は，明らかに便益を得ることを旨としてきた人びとにとっては，ほとんど価値がないものである。……

人びとから提供される情報の大半は，その情報を基本的に必要としない人びとからのものであることを付け加えなければならない。私自身の実務，私が経験を積んでいる実務の分野においては，たとえ情報提供はビジネス従事者たちがおこなわなければならないにしても，国勢調査のなんらかの統計数値をどんな形にしろ使うビジネスなどというものは知るところではない」[10]。

同様に，小規模の小売業者は苦言を呈していわく，「私はここに，最近の職業安全衛生法に従って私たちが何をしなければならないかを説明した32ペー

---

10. *The Federal Paperwork Burden,* Hearings, pt.5, pp.1953-54.

第 I 章　嫌悪の対象

ジの労働者発行による小冊子を持っている。ここには私たち雇用者が管理し，2 年間にわたって保持しなければならない 3 つの新しい記録文書のコピーも含まれている。これらの文書作成に取り組むとなればイスに腰を下ろして，この法律に準拠するのに必要な数値を計算し総計を出さなければならないし，必要とされる要件どおりに事が運んでいるかどうかを見守らなければならない。ところが，小売業は職業安全衛生法の対象産業にすらなっていないのだ」[11]。

ニューハンプシャー州の小規模製造業者がこれに加えて述べるところによれば，「職業安全衛生法はフォード自動車会社のように，ディアボーン市に巨大な病院を現有しているような会社のために定められたものである。私の会社のような，マーキュロクロームの瓶やアスピリンの瓶を並べる薬剤陳列用のキャビネットを扱う小規模の会社のためにその法律は書かれたものではないのだ」[12]。

小規模ビジネスにかんする上院小委員会が次のように結論づけたのは，こうした類の数多くの証人による証言によるものであった。「民衆から最もかけ離れた政府単位である連邦官僚制は，私人や小規模ビジネスの置かれている情況もしくは需要を理解することができないでいる。……巨大なスケールの状況に対処することに慣れている官僚たちには，人びとの欲求が小企業にかけるストレスというものを理解することなど実際上はできはしないのである」[13]。

不適切な要件の問題は，非常に広範に及んでいるために，陰謀の疑いを引き起こすほどにまでになっている。「公式に収録された情報をほんのわずかしか使わなかったり，それをまったく使うことがない小企業のビジネスマンたちは，彼ら自身の間で，公式の情報収集において政府と大企業の間に邪悪な結託があるのではないか，あるいは，彼らが政府に提供した情報はしばしば大会社の市場調査員，立地専門家，販売分析家によって使われ，小規模ビジネスに損害を及ぼしているのではないかと疑っているのだ」[14]。

異議を唱えるのは小規模企業のビジネスマンだけではない。先述した製薬会

11.　*The Federal Paperwork Burden*, S. Rept. 93-125, p.54.
12.　*The Federal Paperwork Burden*, Hearings, pt. 6, p.2178.
13.　*The Federal Paperwork Burden*, S. Rept. 93-125, p.3.
14.　*Government Reports and Statics*, S. Rept. 1616, p.2.

社の経営者の観察によると「食品医薬品局に対する関節炎治療薬の私たちの申請は12万ページから成っている。……総ページの約25％，3万ページは食品医薬品局による薬の評価にとって重要な情報を含んでいた。残りの9万ページは信じられないほど詳細な記録を含むものであった」[15]。

行政職員自身も，彼らと民衆との間での見方に幅広い亀裂が広がっていることを認めている。ワシントンの上級行政官グループ（論評者によって「官僚機構の将官たち」と呼ばれている）が貧困者の生活をじかに学ぶためにニューヨーク市に連れてこられた。彼らの多くは驚かされた。ひとりが言うには，「私たちはまさにワシントンで〔電力やガスなどの〕大手公益企業に対する許認可権を移譲するところだが，権限移譲ラインの先端で，このような人びとがどんな状態にあるかということについては考えてもみなかった」。もうひとりが述べるところでは，「私たちはワシントンに隔離されすぎていた。国の向こう側で何が起きているかについて十分に認識することがなかった」[16]。

自分たちが「国の向こう側で」あることに，数えられないほどのアメリカ人がいかにもと同意する。そして連邦政府が要求したり禁止したりすることの多くが無用で不適切であると非難する。

重複し矛盾する要件

人びとが特定の要件規定や禁止規定が必要であり適切であることは認めている場合であっても，同じことを何回も異なる行政機関を相手にやらねばならないとなると，そんなときには，政府がもっと効率的であれば一度ですむことなのにと思えるから，彼らをひどく怒らせることになる。議会の聴聞会でおこなわれる証言では，このことについての苦言がくり返しくり返し登場する。

ある証言では，「法の下での雇用機会均等の要件に準拠した報告と手続きの必要性に応じて……政府の5つないし6つの行政機関のために手間をかけるとなると，私たちからすれば，私たちが法律に準拠していることを明らかにするためなら，それを一度にやることで足りるはずではないか，ということになる。しかし，各機関の官僚たちは……それぞれの機関ごとにまったく同一のことを

---

15. Wood, "Paperwork, Paperwork."
16. Edith Evans Asbury, *New York Times,* October 16, 1975.

第Ⅰ章　嫌悪の対象

欲しているという理由のゆえに，一度の書類作成ですませることができず……私たちは別々の行政機関のために手間をかけて，多くの異なる文書のセットを作成しなければならない」[17]。

ほかの証言によれば，「私たちはビジネスにおいて無分別な輩であるわけではない。あなた方が記録をとらなければならないこと，達成結果を測定しなければならないこと，これらの事柄のすべてを私たちは承知している。しかし，法律が実際に求めている結果を生み出すのに，同一の記録を10回もの異なる時期にとる必要があるとは信じられない」[18]。

議会の委員会にとっても，「なぜ彼はいくつかの連邦機関に類似の情報を報告しなければならないのか，また同一の情報を連邦の行政機関にも州の行政機関にも報告しなければならないのか」ということは不可思議であり，次のように結論づけた。「ワシントンで数百人の官僚たちに取り囲まれて座っている文書フォームの作り手は，当事者の考えにどれほどの緊急性があるかを理解しておらず，そのフォームの作成には数時間を要するのみである。彼の所属する機関で要する数時間はほかの数庁に及ぶ連邦機関の求めによって何倍にもなり，小規模事業体の諸資源に莫大な負担をかけることになるということを，当の官僚はわかっていないのである」[19]。

同じ形式の文書をくり返し作成するのはうんざりするだけでなく，文書の作成に当たらなければならない人びとに〔政府機関の〕お粗末な管理の馬鹿げたツケを回すことでもあり，経費がかさむ。そうした重複がどれほど一般的であるのか，正確には誰も知らないが，政府活動のスケールは非常に大きいためにそうしたことが頻繁に起きていることは明らかであって，政府がおこない，もしくは政府が要望するたいていの物事の必要性にそれが影を落とすことになるのだ。

誠実に法律を遵守する人の観点から見てさらにいらだつ思いをするのは，それが政府においてであれ私的生活においてであれ，政府の求める要件が引き裂かれていて，ある条件を充足するとほかの条件に反するように思われることで

---

17. *The Federal Paperwork Burden,* S. Rept. 93-125, pp.12-13.
18. Ibid., p.15.
19. Ibid., pp.15, 4.

ある。「ように思われる」としたのは，わざとそうしたことである。明白な不一致があっても，それは矛盾を表すよりも曖昧さを表すことがしばしばである。しかし，曖昧な表現であっても，努めて従おうとする人びとにジレンマを課したり負担をかけることになる。お粗末な起案者心得，不注意による矛盾，あるいは行政職員側での審議による厳しい選択の回避によって作り出された不確実性を，各個人は自力で解決しなければならず，適用可能なあらゆる要件についての全条項に注意深く従うという，最も骨の折れる努力をしたことの結果として，1つないし2つの条項に反していると判定されたりすることにもなる。

　たとえば，プライバシーの権利を保護する立法は，それがたとえ情報自由（公開）法の条文に反するのではなくとも，当該法律の精神と衝突するかもしれない。それとは異なるケースを挙げるなら，人種差別を減らすひとつの戦法は，民間部門と政府部門の双方であらゆる申請文書の人種にかんする質問項目の掲載を禁止することであるが，もうひとつの戦法として，マイノリティの申請にかかる取扱いの記録を要求して人種偏見パターンを明らかにし，それに応じて対応措置をとるというやり方がある。人びとの人種差別を防止するにはこれら両方の戦法がありうる。例示の3番目は，生涯職公務員が自らの先入見にとらわれずに彼らの政治的上司の命令を執行するであろうとする期待と不適正な命令には従わないのが義務であるという原則との間に引かれる境界線の不確実性である。このように相対立する行動指針のせいで，双方の指針に折り合いを付けることの難しさは公式の政策の公表者によって引き受けられず，十分な指導もないままに，また，どちらを選んだところで罰せられる可能性のある個々の私的市民もしくは行政職員にゆだねられてしまうことになる。

　重複とか矛盾の発生を，もっぱら連邦法律や担当機関の多さばかりによるものとすることはできない。連邦システムは，それが〔連邦・州・地方の〕3つの政府レベルを有しているがゆえに，各レベルでほんのわずかの文書しか出さなくとも，その種の軋轢を生み出しがちである。見かけ倒しの立法者能力と貧困な行政能力とは，小さな政府においても見受けられるところであり，このことが同様に困難を作り出す。しかし，連邦政府における活動のスケールがこの問題の大きな原因になっていることは，ほとんど疑いがない。巨大なシステムに身を置く担当官や職員たちは，以前にとられた行動や政府機構のほかの部署

第Ⅰ章　嫌悪の対象

でとられたすべての行動を追跡することなどできはしないことに気づいている。そのうえ，著しく分散化され流動的な行政の世界では，彼らの先任者や同僚の政策に拘束されていると感じている者はわずかしかいない。活動が広範囲にわたり複雑な環境のもとで，一貫性を保持し，あわせて潮時を失わないようにすることは容易ではないのである。

惰　　性

ひとたび要件が定まり実務が制度化されると，それらを生み出した諸条件が消失してしまった後になっても，長いことそのやり方が持続しがちとなる。下院議会のある委員会が，1965年における連邦の文書作成要求にかんする報告で，「時代遅れで古色蒼然とした報告」についてのコメントをおこない，2つの例を提示している。そのひとつは，「合衆国諸港での船舶の入港と出港を記録するための関税局の書面である。それは議会小委員会の聴聞に持ち出されたものであるが，その文書の書式は1790年以降なんらの大きな変更も加えられておらず，今日でも入港商船に対して，搭載された鉄砲の数を報告することが求められていた」[20]。

もうひとつも海運の事案であり，航行に際して商船乗組員は，1872年および1873年の立法にもとづき署名を求められるという条文にかんするものであった[21]。条文の中には灯油の手提げランプや馬車の御者といった時代遅れのことと並んで，日曜日の食事スケジュールにかんするものまでがあった。同じことはこれに限られないが，無意味な条項が1世紀後になってもなお列挙されていたのである。

同様にして，単一のやっかいな出来事がきっかけで，多大な費用をかけて微少な便益しか得られないやり方が，ずっと長きにわたって奨励され継続されるようになることもある。予算局の元長官が記すところによれば，「公務員であれば，成功が新聞の見出しを飾るようなことはまれであるのに，政府の失策となると新聞の1面を飾るものなのだということをすぐにも学ぶ。こうした認識のせいで，成功をもたらすよりは失策を犯さないようにすることを狙いとした

---

20. *The Federal Paperwork Jungle*, H.Rept. 52, pp.30-33.
21. Ibid.

手続きの発達が促される。陸軍は民間供給業者から製品を購入するのに対して，海軍は過剰製品を低価格で処置していることが見つかったとしよう。それを報じた報道記者はピューリツァー賞をとるだろうし，陸海両軍は連携，検査，支払いの手続きを確立して，不手際の再発を防止し，何かを売ったり買ったりする過程で新たな遅延が生じたり割高の費用での購入が生じたりすることのないようにするであろう。たまにしか起きない製品購入処理の不祥事の発生を防止するために100倍ものコストがかかるかもしれないのだが，そのことに誰も不平を言うことはないであろう」[22]。

おそらく，誰もが確信までを持つことはできないにせよ，連邦行政にはこの種の事例が事欠かない。もちろん，そんなおかしなことをなくすために政府活動の継続的な点検をおこなうにしても，それに要するコストはせいぜいその記録を残すようにすることぐらいのものだと確言することなど，誰だってできはしない。時代遅れのやり方をチェックすることは政府に時間と金をかけさせることになる。しかしそれでも，古くからの変わらない手続きは，いったんそれを学んでしまえば，それにならうのがたやすいし，どうにも陳腐化したものとなれば，誰だってそれを無視してしまうのが通例である。だから，古い慣例を正すことのほうが，それをそのままにしておくことよりも負担が大きくなるであろう。しかし，古くからのやり方を取り除くのに要する直接的コストが，それを生きながらえさせるのに要する直接的コストを超えることになるにせよ，そうではないにせよ，時として，そうした変則的なことが露見すると，確立された全体の体制に不信を招くことになるのは疑いがない。そして，連邦政府におけるように，改善に必要な要件が記録に記載されたそのときになって，そうした面倒なことを取り除くことが事実上不可能になったりもする。

失敗に帰した規制プログラム

しかしながら，指定された要件に応じなければならない立場にある人びとや中立的な観察者たちの意見の中には，何をもってしても，それらの要件をまるで的外れなものであるかのようにしてしまうことなどはなしうることではない，

---

22. Kermitt Gordon, "After Vietnam: Domestic Issues and Public Policies" (speech delivered to the Stanford Business Conference, San Francisco, February 19, 1969; processed).

第Ⅰ章　嫌悪の対象

とするものもある。その意見においては，それらの要件こそが，その正当化理由である約束された結果を明白に生み出させないようにした制約条件なのである。けっして達成しえない公表された目的に対して賦課される制限や負担というのは，耐えしのばなければならないもののうちでもおそらく最大のものであろう。

　ビジネスにかんする政府の規制がこのポイントを例示している。規制プログラムの多くは，それが現実に起きているものであれ潜在的なものであれ，濫用を抑制しようとする政府側の要求への対応に端を発している。製品もしくはサービスの価格が過度に高く，質が不適正であるかまたは危険なほど質が低く，供給が不確実であるとみなされてきた。それらの財やサービスの消費者たちは，市場において自分たちが何を求めていたかは拒んだまま，政府がそうした欠陥を予防することを要望してきた。そのような市場介入がなされるとしたなら，それは新たな立法，新たな機関，新たな規制によるものであり，命令とコントロールによるものである。そうした規制の手法がその後援者たちによって，それらの手法にともなうコストに値するものとみなされてきたのは，それによって害悪を除去したり減らしたりするだろうと思われたからである。もしも害悪がなくならなかったり，あるいはもっと悪い害悪が生じるようであれば，おのずと規制プログラムは意味のないものとなったであろう。

　観察者の中には，規制プログラムが約束された目的を達するにはほど遠く，さらには事態をいっそう悪くさせたのではないかと疑い始める者も次第に出てきた。観察者たちは第1に，規制対象となった業者が，しばしば消費者が得る以上の便益を規制から得ていることに注意を促した。業者たちは競争をしないですむようになり，しかも彼らに対するコントロールは，それがもたらす保証の見返りとして，言われるほどには質を高めたり価格を低下させたりすることがなかった。市場においては，粗悪品を売りつけたり不当に価格をつりあげたりする開業者や製造者は，公的な保護対象から外されて，おそらくは品質の向上に努めさせられたり価格を下げさせられたりするか，さもなくば廃業に追いやられてしまうかのいずれかであるはずのものであった。したがって規制に対しては，政治的スペクトルの全方面からの批判者たちによって低い評点しか与

えられないことになってきた[23]。

　第2には，規制担当の行政職員は，彼らが規制する業者たちと同じ物の見方と価値観を身に付けていると言われるようになってきた[24]。双方のグループは常時接触し，とりわけ職員が一方から他方へと自由に異動するために，双方の区分がつかないようになってきた。とにかく，規制者側への影響力行使の競争において，消費者たちは，他方の非常に組織化され，資金が豊富で，情報に通じ，うまく連携をとって，継続して活動する経験豊かな生産者たちによって格段と大きな差をつけられているのが通例である。そのうえ，インセンティブ機制による動機づけも，弱者より強者に対していっそう効果的に作用する。一企業当たりで数百万ドルの費用を意味する規制決定にしても，個々の消費者から見ると，その決定に逆らうのに要するコストよりも少ないコストでしかないことがしばしばである。だから，個々の消費者にとって，どれほど傷つき失うものが大きくとも戦いつづけるというのは，非合理的なことになろう。しかも，規制を受ける業者は圧力行使にかかる費用も消費者訴訟にかかる費用も，消費者に価格転化することができるということがそれに加わる。批判者たちが，どうして規制が有効であるのかを問うのは，こうした条件下でのことである。

　このような偏向をなくさせるための方策が多くの施策分野で採られてきている。規制対象企業による規制担当行政職員の雇用制限，圧力からの意思決定者の隔離，集団訴訟の公認などがそれである。それにもかかわらず，規制過程に対する不平は相変わらずであり，批評家の中にはそれをほとんど象徴的な意味しかもたないものとする者もいる。規制を採用する人びとは，その規制プログラムが実際には効果を上げないであろうことを知りながら，政府行動を見せ物にすることによって民衆の不満をやわらげる目的でそれを象徴的に採用してい

---

23. たとえば次の著作を参照されたい。Edward F. Cox, Robert C. Fellmeth, and John E. Schulz, *"The Nader Report" on the Federal Commission* (Baron, 1969); Louis M. Kohnmeirer, Jr., *The Regulators* (Harper and Row, 1969).
24. Roger G. Noll, *Reforming Regulation: An Evaluation of the Ash Council Proposals* (Brookings Institution, 1971), chap. 3, especially p.31:「規制の失敗についてのこれまでの議論は，規制者が規制対象者の福利に過度に配慮していることをもって非難されるとした膨大な文献を要約したにすぎない」。規制機関と規制対象産業の間での広範にわたる人員交流について，David Burnham, *The New York Times,* January 2, 1976 を参照のこと。

第Ⅰ章　嫌悪の対象

るというのである[25]。

　実に規制機関は，それが仕える主人たち〔主権者〕よりも，規制を受ける人びとのエージェントと呼ばれるまでになっている。それというのも，かつては規制の最大の仇敵だった規制対象業界がいまやそれら規制機関の最も熱烈な守護者になっているからであり，いくつかの産業となると，規制のもとに置かれることを積極的に願うほどになっているからである。その証拠に，消費者組織は最も熱烈な批判者となって，うわべは規制行政の受益者である消費者が犠牲にされてきていると主張する。このような規制の解釈に同意する人びとは，法律，規制，聴聞，錯綜した手続き，行政機構，そして，わな仕掛けと化したその他の政府コントロールと企業活動監視のすべてを無駄なこととみなす。そうした人びとの眼からすれば，規制プログラムは失敗であり，そのプログラムに関連した制約条件も同じく無用なレッド・テープなのである。

　ほかの制約条件まで無用とあざ笑われることになるのは，それが抑制対象とした制約条件の矛先を転じて人びとのためだとするからではなく，むしろその制約条件が100％有効ではないことによるものである。政府基金の健全性，公務員の非党派性，政府契約の公正性を確保するための後述する手続きを例にとろう。これらの制約条件は，それによって政府部内での負担，不便，コストが増すだけでなく，政府に関係するすべての人に影響をもたらす。だがスキャンダルはくり返し起こる。無節操な市民の誘いにのったり賄賂をせしめたり，あるいは自分の地位を利用して私腹を肥やしたりする公務員や行政職員の行為が露見しない年などありはしない。世間でうわさされる政治的コネが使われても，それがよりよい政府サービスを受けようとしてのことであるのなら，実害が及ぼされることはない。政府高官になると，主要な軍需契約会社からのもてなしをふんだんに受けてきている。腐敗やえこひいきは，それを防止するための何層もの要件事項，何組もの監督官，渦をなす手続きにもかかわらず，くり返し現出する[26]。

---

25. Murray Edelman, *The Symbolic Uses of Politics* (University of Illinois Press, 1967).〔邦訳，法貴良一訳『政治の象徴作用』中央大学出版部，1998年。邦訳書の底本は，原著者の長文のあとがきを加えた1985年版である。〕
26. 第Ⅱ章の注記63，64を参照されたい。

もちろん，そうした違法行為が露見し訴追を受けることで，当該防止システムが作動していると推定することはできるのかもしれない。しかし，くり返し侵されてしまう防止策によって迷惑を受けるようであれば，よけいにそんな防止策は無用であるとみなしたくもなろう。違反者は防止策の間隙を縫うこともできようが，政府から詐取したり権限の濫用を侵すことなど考えもしない正直な人びとであれば，悪党の裏をかくために設定された煩瑣な手続きをすべて通過しなければならないことになるのだから，正直な人びとが憤慨するようになるのももっともなことである。違反を考える人の中には，防止策によって違反を思いとどまる者もいるであろうことは，彼らとて疑いもなく認めていよう。しかし，違反率をほんの少しだけ減らすために多くの人びとに迷惑をかけるとなると，それは合理的とは思われない。議会のある証言者いわく，「一般に，それがどんなシステムであれ，グループの2％に『行儀よくふるまう』ようにさせるために98％を犠牲にするようなシステムを構築することは引き合うものではない」[27]。さらに，踏んだり蹴ったりになるが，一部の観察者からすると，「政府は一般的に市民に対して根っからの不信感を持っており」，また「どの市民も自動的に無頼漢になると決め込んでいる」[28]。この種の見方をする人びとにとっては，一握りの悪党を捕らえてみせたところで，現行の機構のすべてを正当化することなど証明できはしない。やっかいなすべての制約条件が不正をただすために設計されていたにしても，そのことですべてを正当化するわけにはいかないのだ。むしろそのようなやり口は，潔白な人に負わせる難儀に比べれば，現行の機構にそれだけの価値がないことを証明するものなのである。

　このような懐疑的な見方が普遍的に共有されているわけではないが，その見方に固執している者も多い。そして，そうした見方に同意する人びとは，政府が課す必要条件を概してレッド・テープであると見てとっている。政府のコントロールは作動に失敗しがちだというだけでなく，本来的に作動しえないものだと見られている。したがって，このような見方に立てば，政府のコントロールは正当化できないし，正当化することが不可能になるのだ。

---

27. *The Federal Paperwork Burden,* S. Rept. 93-125, p.11.
28. Ibid., p.12.

第Ⅰ章　嫌悪の対象

3　沼　　地

　しかしながら，長期的には成功と考えられる施策であっても，それが懸案に対処するのに遅すぎるとなれば，レッド・テープ呼ばわりされることになりかねない。そうした認知の仕方が相対的であることはもちろんである。財政支援を何がなんでも欲しがっていたり，利得と損失の違いをもたらすことになる契約の締結を望んでいたり，あるいは，それなしにはビジネスをなしえない免許を求めているような人びとは，利害関係のない観察者の考えるよりも施策の進捗がかなりの遅れをきたしていると思い，また予算上の制限や手続き上の制約に立ち向かって猛烈に苦労している公務員たちが考えているよりも，確実にかなり遅れていると思いがちである。しかし多くの人びとがじりじりとして実際の行動開始を待つとき，その遅れで犠牲になるのはいつだって彼らなのである。彼らのうちひとりとして政府と直接の接触を持ちえないがゆえに，彼らは全体システムが泥沼にはまり込んだとの結論を下す。

　実際に，なんらかの政府活動を待ち望んでいる人びとがいつも存在する。法律の強制をともなう場合は除いて，政府機関は，それらの機関に対する申請や要望に応ずるというのが通例であって，法律の強制をともなうケースにおいてすら，利害関係のある当事者の苦情にもとづいて行動を起こすものである。個々人や個々の組織はありとあらゆる事柄について陳情をおこなう。免許，許認可，福祉の便益，補助金，税金の還付，提供した財やサービスに対する支払い，年金支給，保険の給付金，退役軍人の給付金，貸付け，等々がそれである。彼らは現行の規則や規制，手続きの変更を求め，出先機関事務室の位置の変更すらも求める。この種の何百万の決定が毎日定常的になされ，陳情者の性急さにもかかわらず，ほとんどの人が喜ぶまでもないにせよ，静かに待つことができるように迅速に処置されるのは明らかである。しかしそれでも，泥沼に陥る者がいる。

　たとえば，連邦行政機関が決定に達するまでに2年を要するのは異常なことではない。ある州で緊急に必要な高速道路のための連邦基金を見送ることを決定したのだが，その理由というのは，それを獲得するには2年ないし3年を要

し，その間に建設コストが助成金額を超える水準にまで上昇してしまうことを意味することになるからであった[29]。これをはるかに超えた極端な遅延もある。食品医薬品局はピーナッツ・バターの同一性基準を創出するのに10年もかかったし[30]，連邦通信委員会は10年も前に訴えがあった事案を法廷に持ち出し，連邦裁判所から委員会手続きのペースを上げるようにとの警告を受けることになった[31]。とある建設会社の代理人の訴えによれば，連邦事業における当初の調査から事業決定までに10年以上を費やし，事業の完了までにさらに5年から10年を費やすのがしばしばであるという[32]。酌量すべき事情を持ち出して，こうしたかたつむりのペースでの進行について説明するのだが，遅滞によってもたらされる負のイメージをくつがえすような説明がなされることは滅多にない。説明があるにせよ何の説明もないにせよ，10年はかかりすぎるというのがほとんどの観察者の見方であり，どんな事情によるにしろ，彼らにとってそれはレッド・テープなのである。

　遅滞がもたらす負のインパクトに恐ろしい話がつけ加わる。一例として，政府過程全体の評価に汚点を残すような気の滅入る話のひとつが，ある合衆国議員によって公的な記録に残されている。すなわち，ある青年労働者が重い精神疾患に悩まされて精神科病院[訳注1]に送られた。彼が面倒をみていた両親は障害保険給付金を申請してそれを受給し，一部を入院中の病院に送金した。しばらくして彼は病院構外に出かける許可を得るまでに病状が回復し，使用人の仕事を得た。法律の求めに応じて両親は社会保障局に通知したところ，（障害給付金の受給者が実際に障害を克服するまでに至っているかを確認するために，法律に従って9カ月の給付金継続が認められるというのに）社会保障局はただちに障害給付金の停止措置をとった。

---

29. James Feron, *New York Times,* October 27, 1975.
30. William F. Pedersen, Jr., "Formal Records and Informal Rulemaking," *Yale Law Journal,* vol.85 (November 1975), p.44.
31. Kenneth Culp Davis, *Administrative Law of the Seventies, Supplementing Administrative Law Treatise* (Lawyers Cooperative Publishing, 1976), p.282.
32. *The Federal Paperwork Burden,* S. Rept. 93-125, p.14.
＜訳注1＞　わが国では「精神病院」の呼称が残っているが，「精神病院の用語の整理等のための関係法律の一部を改正する法律」（2006年の議員立法）によって，関係法律の用語は「精神科病院」に改められたので，それに従うこととする。

第Ⅰ章　嫌悪の対象

　その若者はストレスに耐えられないことがわかり，病院に戻されることになった。彼の両親は給付金の再支給を申請したが，申請は却下された。病院の医師から給付申請を支持する書面を得ることができなかったことが明らかにその一因であるが，医師はその書面にもとづいて自分に対する訴訟が提起されるのを恐れたのである。両親は異議の申立てに踏み切った。何事も起きなかった。両親によれば，くり返し申立ての進捗状況について質したという。だが，いぜんとして何事も起こらなかった。最初の申請却下決定が彼らを不幸にしたままであったが，しかし少なくとも，その決定を覆すか修正を施してもらうためになんらかの行動をとることができたはずであった。訴求手続きの遅れが原因で，給付金もしくは公式の償還給付のない，まったくもっていらだたしい立場に追いやられたのである。

　そこで彼らは合衆国議員に助けを求めることとし，1975年春に，その議員は自分のところにいたケースワーカーのひとりを彼らの支援に割り当て，個人的に社会保障監督官に書状を書いた。10月になるまでその青年労働者はいぜんとして入院しており，彼の両親もまた障害給付金の給付がないままの状態におかれ，異議申立てに対する裁定もいぜんなされないままであった。議員は息巻く。「この日現在，この事案にかんする決定を申立人はまだ受け取っていない。異議の申立てがなされてから1年と188日が経っているというのにだ」。すべてが何も変わらないのだ。

　「この日現在，私を支持する有権者は聴聞ないし聴聞日時の通知を受け取っていない。社会保障システムの誰に申し出るかによることは知ってのうえで，彼は同一の訴状を3つの異なった機関に送ったが，どこも求めに応じようとしなかった。どの機関（の支所）の誰一人として助けに乗り出そうとしなかったばかりか，訴えもしくは本件の場合はその行為の欠缺に対する知識や責任の承認を求めることもしなかった。このことを詳しく述べるにつれ，私は，誤審に対してだけでなく……社会保障システムがあまりに精緻で，個人からの直接の訴えに対して無感覚になっているために，責任がどの人物の肩にかかっているかが不明になっていることに対して怒りを覚えた。

　私個人としては，Ｓ氏とご両親に対する社会保障局の扱いは，ジョージ・オーウェルの小説『1984年』におけるビッグブラザー，あるいはカフカの『審

判』に出てくる大審問官の合理性を思わせる考えにもとづいているように思う」[33]。

　誇張を割り引くとしても，これは明らかに嘆かわしい事案であった。そして，ひとりの合衆国議員を議会委員会での証言と大新聞の会見に出向かせ，彼が情況をぶちまけて話すようにしたことで，その事案は，善良な多くの国民の側に，政府が定める必要条件というものに対する対抗的で冷笑的な態度を醸成するのに貢献したのだった。数は少ないが時折発生するそうした事案が，国民側の同様な態度を補強し，それを広めることもできるということだ。こうして，その基底には個々の事案にありうべき〔それが全体を表現するものとはかぎらないという〕非代表性ということがあるにもかかわらず，政府はレッド・テープの沼地であるとの確信が社会にくまなく広がってきているのである。

4　スケープゴート

　政府がくり出すおびただしい施策要件，禁止事項に対して不同意である場合のひとつの反応は，政府職員の邪悪さとか愚かさ，あるいは怠惰を示すものがあまりに多いことに非難をあびせることである。レッド・テープの犠牲者たちは，結局のところ，そうした相手側を傷つける言辞や無礼によって自ら悩まされるようなことはないのだろうか，どうだろうか。ともかくそのために，法律や規定類を公布する担当官や行政職員は応答責任を負わなければならないのである。

　政府に対する非難には，その妥当性に機嫌を損ねている市民たちを説得するのに使えるだけの，表面的なもっともらしさを有するものもある。行政官が自らの権力を強化し，自らの仕事を擁護しようとする意図を持っているからこそ，圧縮できない報告文書の一斉放出，手続きの迷路，大量の専門用語といったような，それらの諸規定の手の内に完全に親しんでいる者にしか通り抜けることが望みえないような手口を，意図的でなくとも無意識のうちに工夫するということも，考えられることではある。だから，たとえ政治的リーダーシップに変

33.　H. John Heinz Ⅲ, *Washington Post,* October 14, 1975.

第 I 章　嫌悪の対象

化があった後でも，インサイダーを簡単には交替させることができなくなる。ほかの職業で生計を立てている犠牲者や反対分子がフルタイムの専門家を打ち負かすのは容易なことではなく，彼らがもっぱらそのシステムの運用にかかりつけになることはできないのだから，専門の行政官の決定にかろうじて挑戦できるのは，〔各分野に通じた〕アウトサイダーだけとなるわけだ。専門家自身が築きあげた機構においては，名目上の上司ですら専門の行政官に頭を下げなければならないということになる。行政官にとっては，こみ入った蜘蛛の巣状のレッド・テープの網を張りめぐらせて，そこから彼らを押しのけることができなくなるように，彼ら自身の近似的な独占を認めさせることが，賢明で，自己の利益になる戦略だというわけである。

　反対に，政府における諸規定や手続きで織りなされる狂気じみたキルトの織物に責任があるのは，行政官の愚かしさと怠惰ではないのかというのも，同様にもっともらしい。鈍感で怠惰な公務員は，知識や先取性が欠けていて，自分自身で敏感な対応を工夫するだろうなどと彼らを信頼することはできないので，考えられるあらゆる状況を想定した特定の細々した詳細なルールをあてがわなければならなくなる，ということである。彼らは的外れであることや不適切であることを認識し理解することができないがゆえに，あるいは，事実をチェックしたり彼らがおこなうことの結果が及ぼす影響を追跡したりする勤勉さに欠けているがゆえに，不適切でポイント外れの規則や決定を作りがちとなるであろう。彼らはやり方が適切でなくなった後にも，なじんだ活動のやり口に執着しがちである。すばやく対応を工夫するだけの知恵に欠け，決められた手続きをひたすら厳守し，印刷された法規を暗記して反復するだけで（それが，そうした人びとのなしうる，そしてたしかに最も安全で，最高の想像上の行動なのだが），問題の解決にたどり着こうにも，それがかなわないことになってしまう，というのである。

　明らかに，官僚の世界についての2つの描写は相互に矛盾する。賢いと同時に愚鈍であるといった悪魔のような真似は誰だってできはしないし，また，複雑な戦略を創案するとともにそれを実施に移すような人であるならば，そんな人がやる気をなくして，何があっても自分自身を埒外に外してしまうようなことができるはずもない。そこで，公務員のある者は一方の種類に属し，ある者

は他方の種類に属するのであって，双方はともに政府におけるあらゆるレッド・テープに責任があるのだといった主張がなされることになるかもしれない。しかし，何万といる政府行政官と行政職員の中で悪党と愚か者が最も主要な要素だといった考えを鵜呑みにすることは困難であり，それはまるで全人口がたった2つのカテゴリーから成るとする提案に黙って従うようなものでしかない。彼ら政府公務員が知的に，もしくは道義的に，公務員以外の者よりも劣ると想定するアプリオリな理由などは何もないし，彼らの精神的適性および彼らの性格特性の水準が一般の人びとよりも低いなどということは断じてない[34]。陰謀説も無能力説もともに，政府の設定する要件事項や禁止事項が多いこと，あるいは，そうした制約条件がもたらす，不幸で，望まざる結果についての説得的な説明になっているとは，私には思えない。

実のところ，政府職員はレッド・テープによって著しく傷つけられている。彼らは自分たちの使命を自らが理解したように果たし，自分たちの施策を精力的，効率的，スピーディにこなしたいと思っているのだ。彼らは自分たちの進路の上に置かれた障害，課せられた制限，気にしなければならない境界，従わなければならない手続きにじりじりした思いをしている。彼ら以上にレッド・テープに批判的である者はいないのである。彼らにとって，それを理由に自分たちが非難を受けるべきだとされるのは皮肉なことである。

疑いもなく，彼らはきつく制約されている。彼らの裁量は，法令，姉妹機関の規制，司法決定，執政部の命令，そして省庁の指示によって法的に制限を受けている。また，権力を有する政治的人物および影響力のある利益集団との調整をする必要性，名目上の部下の実務的な独立性，顧客集団からの諸要求，そして通信メディアで批判的広報を受けるリスクによっても，政治的に制限を受けている。だから彼らは，力強く迅速に動きたいときであっても，そうすることをしばしばさえぎられてしまうし，しっかり堅固でありたいと思うときに，それは不正がなされるとか苦痛が軽減されるということではないにせよ，圧力に従うことを余儀なくされてしまうこともある。彼らはまた，議会や公衆やほかの行政機関からのきりがない報告と情報の提供要求に貴重な時間と財源を割

---

34. W. Lloyd Warner and others, *The American Federal Executive* (Yale University Press, 1963).

第 I 章　嫌悪の対象

り当てざるをえなくさせられ，彼らがそれを欲しないのに他者の利用に供するために，法律によって収集が義務付けられる膨大な報告書の流れを処理することに時間と資金を使わなければならなくさせられる[35]。要するに，政府の課す制約条件のコスト，不便さ，負担が，〔政府外の〕誰に対してもそうであるように，政府の労働者をも圧迫しているのである。

　実際の制約はもっと多いであろう。彼らは自分が担当分野におけるエキスパートだと自任していることは想像にかたくない。だが，彼らに課せられる制約の多くは，彼らからすると専門外のアマチュアである人びととの仕事とは異なっている。たとえば，対外問題に経験がない議員たちの求めに応じなければならないキャリア外交官，後背農業地域の利益に従わなければならない都市問題専門家，軍事戦略・戦術にわずかの知識しか持たない文民官にことあるごとに挑まれる専門職の軍事担当官などは，フラストレーションで歯ぎしりさせられる。もしも政府の外部にいる人びとが，自分たちこそ不適切な義務や禁止の犠牲者だと思うならば，彼らは，政府の内部にいる人たちもまた，あらゆるレベルで我慢を強いられていることについて関心を寄せるべきである。

　組織の低階層にいる下級職員は，法律や規定の内容が間違って表現されていると思うときにすらそれらを遵守することを余儀なくされる。法規の内容が違法であるか道義に反していると信じるならば，そして彼らの上司に適切な変更をするように勧めることができないのであれば，彼らは辞職するか，外部に出て抗議するか，ということになる。もし引き続き業務につく場合は（むろん，ある者はそのまま組織にとどまり，内部において抵抗することがあるにせよ）[36]，

---

35. たとえば連邦航空局（FAA）は 1970 年における反復レポートの目録で 1655 もの報告文書を列挙している。FAA Order 1340.3F, "Catalog of Approved FAA Recurring Reports–June, 1970," July 31, 1970. それらのうち 215 の報告文書は，議会，ホワイトハウス，ほかの省庁と行政機関，州，およびさまざまな職員組織など，36 もの外部団体からの要請によるものであった。しかし，雇用機会均等および職員の安全性など外部からの求めにより産み出された内部文書も数多く含まれている。FAA の多くの管理職員の立場からすれば，これらの文書にともなう義務はすべて，単に彼らの主要職務への専念を阻害するものであり，職員当たり最終産出量と 1 人当たり歳出ドルを低下させるだけである。
　政府における代表性保護の手続きを部分的に扱った第 II 章の記述も参照のこと。
36. Albert O. Hirshman, *Exit, Voice, and Loyalty* (Harvard University Press, 1970).〔邦訳 (新訳版)，矢野修一訳『離脱・発言・忠誠——企業・組織・国家における衰退への反応』ミネルヴァ書房，2005 年。〕

服従するものとみなされる。辞職は，いつも誰でもできる実際の選択であるわけのものではない。したがって多くはとどまりつづけ，新しいリーダーが着任するなど，やがてよりよい時が来ることを望みながら，自分の反対する要求事項に従おうとする。それまでは彼らはレッド・テープを嘆くことになる。

　リーダーたちも同様に要求不満に陥る。政治的職位の上司たちは，彼らがこうあってほしいと思うよりも，行政機関が世代を越えて蓄積した義務や制約に縛られて，彼らに寄せられる〔政治的〕支持に対する応答性が不十分であることに気づかされる。したがってリーダーたちも，自分自身の持っている考えに従って行政機関の活動を形成したり，自分の仲間や支援者の要望に応えたくても，さほどのことができるものではない。彼らもまた，誰もが不平を言うレッド・テープの除去をできないことが明らかになって，そのことに腹を立てたり当惑したりする。レッド・テープの根強さによって，自分たちが非応答的で非力であると感じさせられるのだ。彼ら自身の道を歩めなかったり，望むときにはいつでも親友たちの思いに応えようとしてもそれができなかったりして，政府の最も高い職位にいる高官が，まるで彼らの部下の誰もが，また市民の誰もがするのと同様に，公式文書に具体的に示される制約条件の巨大な集積に激怒することもしばしばである。政府高官もまた，最も大声の，最も強烈な〔レッド・テープに対する〕批判者なのである[37]。

　公職者および職員たちはレッド・テープに責めを負ってはいるが，思うにそれは，私たちみんなが憤慨する政府の作為もしくは不作為を人格化した存在が彼らだからである。さもなければ，私たちが彼らを非難するのは，おそらくは，誰もがひどく嫌う事柄が広く行き渡っていることについて，もっともだと思われるような違った説明をすることができないからである。しかしながら，彼らが単に文字通りのスケープゴート――他者に対する咎め立ての引き受け手――であっても，私にとってそれは驚きではない。私たちは，真の原因，それこそ私たち自身なのだが，そこに責任を求める目線を他に向けさせたいと直感的に願うがゆえに，彼らを責めるのかもしれない。すべてのレッド・テープに，あ

---

37. Arthur M. Schlesinger, Jr., *A Thousand Days* (Houghton Milfflin, 1965), pp.68-86〔邦訳『ケネディ――栄光と苦悩の一千日（上・下）』河出書房，1966年〕; Richard P. Nathan, *The Plot That Failed* (Wiley, 1975), pp.82-84; Stephen Hess, *Organizing the Presidency* (Brookings Institution, 1976), p.9.

第 I 章　嫌悪の対象

るいはその大半に責任を負うのは，人びとを構成する一要素ではないのだ。次章では，私たちのすべてがそれに関係することを示すべく試みてみよう。

第Ⅱ章
私たち自身が作ったもの

Little drops of water,
Little grains of sand,
Make a mighty ocean
And a mighty land.
——Nursery Rhyme

ポタポタ落ちる水しずく
ちっちゃい細かな砂の粒
それが大きな海をつくったり
大きな陸地をつくるんだ
——童謡

第Ⅱ章　私たち自身が作ったもの

　レッド・テープとして非難される，政府の打ち出す施策要件や禁止事項の大量な流出に対する責任は，広く分有されているということを示唆しはしたが，そのことで，私たちが意図的にレッド・テープを作り出しているとまで，そこに含意させようとしたわけではない。だいたいにおいて私たちは，そのことを認識せずにそのようにしているのだ。しかしながら，意図せずしてそうすることは，その流出の源泉についての事実を変えるものではない。私たちのすべてが一緒になってそれを作り出しているのである。

　どんな制約，施策要件も，それらに対する誰かの要望に端を発している。もちろん，各人がそのすべてを意図するのではない。反対に，最も幅広い基盤を有する利益集団ですら，政府活動を成す全体のスペクトルの比較的小さな帯域にのみ関係するのであり，たいていの利益集団は幅広い基盤よりむしろ狭く特化した基盤に支えられている。だから，ひとつひとつの制約条件は，かなり少ない数の主張者の成果物なのである。しかし，私たちは多数から成っており，私たちの中には多様な利益があるのだから，ささやかな個々人の要望が公的書面の巨大な堆積とあきれるばかりの手続き上の紛糾をもたらすことだってあるのだ。

　私たちの政府に注入しようと企ててきた価値特性の中の，たった2つがもたらした結果をふり返ることで上記の主張を例証してみよう。その2つの特性とは，思いやり（compassion）と代表性（representativeness）である。それぞれは一群の属性を成しており，単一の単純な特性ではない。そしてそれらは，そうした多くの群れをなす特性のうちの2つにとどまる。ただしかし，それらはレッド・テープにかんする嵐のような不平というものを説明してくれる。

1　思いやりがいかにレッド・テープを産み出すか

　たとえば，もしも政府が危害から私たちを守るように動くことがなかったのなら，私たちの社会でも，政府が課す制約条件や複雑な手続きがもっと少なくてすんだであろう。ここでの議論では「常習的犯罪」および刑事裁判の処理は除外する。それらは，ほかの種類の公的禁止事項や義務と概念上もしくは実務上異なっているからではなく，はっきりしない理由で，通常，レッド・テープ

と見なされていないからであり[1]，少なくとも，主に連邦政府よりも州政府の管轄に属しているからである。それでも，連邦政府は多くの点で私たちに危害が降りかかることがないように守ろうとするから，それ以外の保護の範囲はいぜん広大である。

お互いから人びとを守ること

売り手と買い手の間の関係を取り上げよう。この関係は長いこと，たいていは各自の取引に及ぶ当事者間での交渉にゆだねられてきた。政府がそこにおいてなすべきことはほとんどなかった。それらの当事者間での交渉は公的権威によって完全に規制されないということではなく，詐欺やその他の違法行為に苦しめられた当事者は裁判所に訴えることができる。だが救済が求められるのは，たいていの場合，損害を負わされた後のことか，少なくとも損害が差し迫ったときだけのことである。それゆえ，買い手は用心を怠らないこと，それが義務だという警告になる。政府は買い手の福利にはなんの責任も負うものではなかった。

今日では，政府は損害が生じる以前にその防止につとめることに深く関与している。人びとは多くの理由からその政府の保護を求めてきた。すなわち，金銭ずくの，もしくは不注意な生産者や販売業者によってもたらされる損害から人びとを守るうえで，市場はあまりに不完全であり，損害が少額の価値でしかない個々人にとって，裁判は経済的に引き合わない救済手段でしかなく，販売に際して提供される無数の製品の中から賢明に選ぶために要請される技術的知識の量は，ほとんどの人がマスターできる知識量を超えるようになっているし，買い手と売り手の間の合意が双方の交渉や売買契約をおこなう当事者ではない人びとに大きな影響を与えはじめ，産業社会が新しい思潮にとって豊穣な土壌であることが明らかになるにつれて，社会的価値観が変わってきた。こうした展開により引き起こされる政府の干渉に対する諸要求の高まりに応えて，政府は買い手・売り手関係にますます介入するようになった。

たとえば，政府は食品の新鮮さや薬品の安全性を保証することに乗り出すよ

---

1. Alvin W. Gouldner, "Red Tape as a Social Problem," in Robert K. Merton and others, eds., *Reader in Bureaucracy* (Free Press, 1952), p.41.

第Ⅱ章 私たち自身が作ったもの

うになった[2]。不正な宣伝とか誤解を与える宣伝を防止するようになった[3]。あらゆる種類の有害な物質や製品がもたらす危険性を減らすことに努めるようになった[4]。公共交通および民間交通における乗客の安全性を改善するようになった[5]。これらはいくつかの財やサービスの最低水準を引き上げるためのわずかばかりの規制プログラムにすぎない。いぜんとして買い手は用心しなければならないのであり，公的プログラムによって絶対的保証が与えられるものではない。しかしそれらは，政府の寛大な配慮による施策の推進が，どのようにしてあらゆる種類のコントロールを生じさせているかを例示するものである。

こうした機能を遂行するために多くの行政機関が設立された。食品医薬品局，連邦通商委員会，消費者製品安全性委員会，全米交通安全委員会，農務省の監査サービス，州際通商委員会の安全性部門，沿岸警備隊，連邦航空局などがそれである。各機関を設立するために法規を定めたページが加えられ，各機関への委任事項が設定され，その権限が規定された。各機関は大量の行政規則と規制，個々人および企業に向けた命令，ならびにその多くが裁判に似た手続きで進められる争いの決定や命令の裁決を通じて，当該機関の責務を果たすことになる。これらの目的のために，各機関はおのおの申請文書，情報収集のための書面を有し，自分たちの指示事項を発する。いくつかの機関は免許権限を持っており，多くが立入り検査の権限を持ち，数は少ないが緊急事態に対処するための即決措置権を有している機関もある[6]。したがって今日では，かつては政府によって無視されてきた買い手・売り手関係も，多数に上る公的な明細規定により，またそれを執行する行政官や行政職員によって修正が施され，コントロールされるようになった。

---

2. 21 U.S.C. (1970).
3. 15 U.S.C. §§ 52-56, 64, 68a-f, 69a-i, 70a-g (1970); 18 U.S.C. §709 (1970).
4. 15 U.S.C. chs. 26, 30, 36.
5. 民間航空の安全規制につき，46 U.S.C. ch. 20, subch. Ⅵ (1970) を参照。船とボートの安全性につき，46 U.S.C. ch.15 (1970), ch. 33 (Supp. Ⅳ, 1974) を参照。乗用車および高速道路の安全性につき，15 U.S.C. ch. 4 (1970) を参照。鉄道の安全性につき，15 U.S.C. ch. 13 (1970) を参照。これらの制定法およびその規定に基づく補充行政規則はすべての関連する安全性要件と予防策を包含するものではないが，連邦政府におけるこの種の同情的関心 (compassionate concern) を例示している。
6. 行政機関によっておこなわれる裁決行為の類型を概観するためには，Dalmas H. Nelson, *Administrative Agencies of the U.S.A.* (Wayne University Press, 1964) を参照。

疑いもなく，これらすべての方策がもたらすひとつの結果として，人びとが日常生活で遭遇する政府の制約条件の数は，大きな倍数を乗じたものへと増加する。また，これらの諸方策の発端が，現代世界で自らを守りえなくなった人びとの保護を求める嘆願にあるとつきとめることができるのもまた疑いがないところである。このことは，政府のそれぞれの対応がまさしく嘆願者の期待どおりのものであったとか，どの対応も大成功であったとかまで言うものではない。だが，政府文書がなだれのように押し寄せるのは，政府の関与を求めるそうした要望によるものであり，罪のない犠牲者に対する純粋な配慮と政治的な必要性との合成によるのである。

　買い手・売り手関係は，政府が介入を余儀なくされた広大な分野のたったひとつにすぎない。それは，一団をなす雇用者と被用者の関係でもあり，その他の多くの関係の中で，労働組合と組合員[7]，大学と学生[8]，破産者と債権者[9]，借地人と地主[10]，荷主と運送業者[11]，州・地方政府と住民[12]，銀行と預金者[13]，投資者・振出人と保証の引受人[14]，貸し手と借り手[15]，研究者と人間にかかわる研究の対象者[16]，等々の相互の関係があるし，さらに動物の飼い主と動物[17]との関

---

7. 29 U.S.C. chs.4C, 7-9, 14, 15 (1970), chs.17-18 (Supp. Ⅳ, 1974); 42 U.S.C. ch.21, subch. Ⅵ (1970 and Supp. Ⅳ, 1974).
8. たとえば保健教育福祉省は，大学が入学，財政的支援，職業・学術上のカウンセリングおよび体育において女性を差別することを禁じる規制を発した。Nancy Hicks, *New York Times,* June 4, July 19, 1975. いくつかのカレッジの大学行政官は高等教育に対する連邦政府の介入が増えることに反対した。Judith Cummings, ibid., November 12 and 16, 1975.〔保健教育福祉省から教育省が分離したことにつき，第Ⅲ章訳注1を参照。〕
9. 11 U.S.C. chs.6, 8 (1970).
10. 42 U.S.C. §§ 3604, 3613 (1970).
11. 49 U.S.C. §§ 3(1), (2), (3); 20(11), (12); 908; and ch.4.
12. 法規によって公共施設および公教育の人種差別は廃止されている。42 U.S.C. §§ 2000b, 2000c(6) (1970). また，連邦財政助成を受けるプログラムおよび活動において，人種，肌色，国籍を理由としたいかなる差別も許されない。42 U.S.C. §§ 2000d. 連邦裁判所は，すべての政府レベルの選挙区における著しい票の不平等の是正を憲法が要請するものであることを判示している。Robert G. Dixon, Jr., *Democratic Representation* (Oxford University Press, 1968).
13. 12 U.S.C. §§ 37[1a, b] (1970).
14. 15 U.S.C. ch.2A. See also chs.2B-1, 2D.
15. 15 U.S.C. ch.41; 12 15 U.S.C. ch.27 (Supp. Ⅳ, 1974).
16. 45 C.F.R. pt.46 (1976).
17. 7 U.S.C. ch.54 (1970).

第Ⅱ章　私たち自身が作ったもの

係すらもこれに加わる。それは，あらゆる種類の競争企業間での関係にもかかわり，市場や資源をめぐる過度の競争を制限するためであることもあれば，競争を制限する脅威がある場合にその競争を保持するためであることもある[18]。それは，価格と料金[19]，財とサービス[20]，安全性[21]，法の下での平等[22]にも関連する。そうした介入のことごとくは，自分ではその利益を守ることができないなんらかのグループからの助けを求める叫びに対する応答なのである。そして，どれもこれもが，買い手・売り手関係における介入と同様に，立法措置，行政手続と活動，訴訟をともなうことになる。この意味において，私たちがいずれの立場であれ遭遇する，大量な政府からの施策要件および禁止事項の多くは，特定の人びとがほかの人びとから傷つけられるのを守るための政府の努力に負うものなのである。

苦難を軽減すること

政府はまた，打ちのめされた人びとからの助けを求める訴えにも応答する。それも当事者の仲間の嘆願よりはむしろ，彼らのなすすべのない諸力を受けてのことである。そうした不幸な人びとの多くは，長い間，彼らの家族や隣人たち，民間の慈善団体，政府の地方組織のお情けに任せられるか，単に運にゆだねられ，連邦政府は彼らに対してほとんどなんの責任も負っていなかった。しかし，現代産業社会における苦難の規模と性質により，伝統的な援助の方便は圧倒されてしまった。政治的圧力，人道的衝撃，罪責感，憐憫の情およびその

---

18. たとえば，Marle Fainsod, Lincoln Gordon, and Joseph C. Palamountain, Jr., *Government and the American Economy,* 3rd ed. (Norton, 1959), pts.3-5; Alfred E. Kahn, *The Economics of Regulation* (Wiley, 1970), vol.2, chap.5.
19. 脚注18に引いた2つの著作に述べられているコントロールの類型に加えて，財政制度に対する広範なコントロールがある。President's Commission on Financial Structure and Regulation, *Report* (GPO, 1972) を参照。
20. たとえば，15 U.S.C. ch.47 を参照。また，上記の脚注5で確認した諸法律のもとにおける安全性規制は，州際通商および特定の修繕・訓練サービスにおける特定車両の運転に対する基準および要請事項を含んでいる。たとえば，14 C.F.R. ch.1, subchs.D, G, H (1977) 参照。他方において，サービスの質がしばしば無視されているという議論につき，Kahn, *Economics of Regulation,* pp.21-25 を参照。
21. 上記の脚注5に述べられている安全性条項に加えて，Occupational Safety and Health Act, 29 U.S.C. ch.15 (1970) を参照。
22. 42 U.S.C. §§ 2000e-2000e(17) (1970); 29 U.S.C. ch.14 (1970).

他の感情が勢いを得た。連邦政府としてもそれらを無視することができなくなって，援助に乗り出したのだ。

　船乗り (seamen) は国の歴史の初期には政府の「被保護者」(wards) として扱われてきた[23]。インディアンがそのように扱われるようになったのはその後のことである[24]。退役軍人とその家族に対する支援は同様に古くから始まった[25]。遅れて，児童，老齢者，盲目者，障害者，退職者，貧困者，等々に対する連邦サービスも始まった[26]。自然災害──洪水，渇水，台風，地震──の被災者に対する救援が定常化された[27]。失業補償が連邦レベルで奨励され，連邦補助金により失業者が困難な時代を乗り切るための財源確保がなされることになった[28]。リストはさらに続く。連邦政府は支援を求める多くの声に耳を傾けるようになっていったのである。

　ついでながら，政府の寛大さは貧困者や障害者だけに限られたわけではない。農業者や特定の産業に対する補助金のおかげでこれらのグループの困難はやわらげられ，なかにはさもなければ外国との競争ないし不利な経済条件で廃業のやむなきに追い込まれた者もいた[29]。州政府および地方政府もまた連邦補助金

---

23. 船乗りの権利と義務を管理する特別立法は第1議会まで歴史をさかのぼる。1 Stat.131. その問題にかんする立法は今日では相当部分を占めるに至っている。46 U.S.C. ch.18 (1970).
24. Wilfred E. Binkley and Malcolm C. Moos, *A Grammar of American Politics* (Knopf, 1949), p.681. インディアンの特殊な地位は，明らかに彼らが「連邦国が署名した条約のもとに保護責任を負う者に対して征服された民族」とみなされたことから生じてきた。Sar A. Levitan and William B. Jhonston, *Indian Giving* (Johns Hopkins University Press, 1975), p.5. この理由およびほかの理由により，政府の配慮はインディアンにとって保護的であるよりは圧迫的であるように見受けられる。だが，インディアンは特別の行政機関が設立され特別のサービスが支給されるようになった最初のグループに属する。Alan L. Sorkin, *American Indians and Federal Aid* (Brookings Institution, 1971) を参照。
25. President's Commission on Vetrans' Pensions, *Staff Report No.1: The Historical Development of Veterans' Benefits in the United States,* prepared for the House Committee on Veterans' Affairs, 84:2 (GPO, 1956).
26. Gilbert Y. Steiner, *Social Insecurity* (Rand McNally, 1966), *The State of Welfare* (Brookings Instituiton, 1971), and *The Children's Cause* (Brookings Institution, 1976), chap.1.
27. Disaster Relief Act of 1970, 84 Stat. 1744. "Disaster Assistance," *1975/76 United States Government Manual,* p.813 も参照。
28. William Haber and Merrill G. Murray, *Unemployment Insurance in the American Economy* (Richard D. Irwin, 1966), chaps.2, 6, 7.
29. *1966 Listing of Operating Federal Assistance Program Compiled During the Roth Study,* H. Doc.91-177, 91:1 (GPO, 1969) が1315の援助プログラムを記述している。

第Ⅱ章　私たち自身が作ったもの

や歳入交付金により支援を受けた[30]。これらの受益者のためのプログラムは倫理的な言辞よりも経済的な言説でしばしば正当化される。すなわち，支援が多分に重要機能の存続を可能にし，そうした機能が作り出す仕事を保護することにもなるというわけである。しかし，貧困者のための福祉プログラムも同様に経済的理由で擁護されうる。購買力を下支えし，そうすることで仕事を持続させ，生産維持的な市場を提供することになるからである。さまざまな対象集団に対するサービス間での哲理上の差異はまったくもって小さい。困っている人びとや組織は自分たちの苦痛を軽減するべく連邦政府の貢献を求め，連邦政府はプラグマティックな理由と理想主義的な理由の混合によってその求めに応えようとするがゆえに，すべてのこれらのサービスが立ち現れるのである。

　特定化されたグループのための政府プログラムが開始されるやいなや，立法および行政上の指示，そして裁判の争いが急増する。誰がそのグループに属するか，属さないかをはっきりさせることが必須となる。便益の総計ならびにグループの中の誰がどれだけの便益を受ける資格があるかを決めるための基準とを設定しなければならない。便益を請求し，そうした申請を処理し，便益を分配し，受益資格にかんする申請者との紛議を解決するための手続きを確定しなければならない。裁判での訴えに抗弁したり，失意の有権者の利益を代表する議員に対して手続きの正当性を主張する準備も整えなければならない。要するに，補助金プログラムにおける各決定はそれぞれの受給者の状況に合わせて調整しなければならないので，行政機関は大量のガイドラインを策定し，自らの掲げる目的を実現するための精緻な機構を構築することを余儀なくされるのである。

　社会保障の分野から2つの例について考えてみよう。法律は「母親の保険給

30.　そうした支援プログラムは財政支援を与えること以外に多くの目的に役立てられた。V. O. Key, *The Administration of Federal Grants to the States* (Public Administration Service, 1967), pp.1-26; Committee on Federal Grants-in-Aid, Council of State Governments, *Federal Grants-in-Aid* (CSG, 1949), pp.42-43; Walter W. Heller and Joseph A. Pechman, "Questions and Answers on Revenue Sharing," in *Revenue Sharing and Its Alternatives: What Future for Fiscal Federalism?* Hearings before the Subcommittee on Fiscal Policy of the Joint Economic Committee, 90:1 (GPO, 1967), pp.111-17 (Brookings Reprint 135) を参照。しかしながら，州政府および地方政府がそれぞれの市民と融資者に対する義務を果たすように助けることが，疑いもなく，主要目的のひとつであった。

付金」について定めている。ひとりの女性が適格であるためには数多くの条件を充たさなければならない。彼女が「死亡した労働者の18歳以下の子どもを養育中であるか，子どもの保険給付金の受給資格者に障害があるか」のいずれであるかということもそのひとつである。しかし，「養育中」(in her care) とはどういう意味であるのか。女性の中には当の子どもと同居していないのに申請している者もいる。母親と子どもは同居していなければならないのか。同居していることは，子どもが彼女の養育下にあることの証明になるのか。子どもの養育および保護に対する法的権利はそれ自体で適格性を確定するものなのか。この単一の語句に関連するすべての予見可能な条件に見合った，この種の疑問に答えるために，ほとんど2ページ近い規定が定められている（「養育中」とは，彼女が当の子どもの「福利と養育に対して親としての管理と責任」を行使するか，もしくは精神的に未熟な18歳以上の子どもに対する「対人的サービス」(personal services) を果たしていることを意味する[31]。次いで，親としての管理と責任とは，「子どもの活動を監督し，子どもの肉体的・精神的ニーズにかんする重要な決定に参画すること」を意味する[32]。対人的サービスを果たすとは，「家庭の成人構成員に対して果たされる定常的な家庭サービス以外のもので，子どもに対して果たされる［例示的に列挙されている］サービス」を意味する[33]。親としての管理と責任は，母親と子どもが離れている場合には間接的に果たされることになるが，それは子どもが学校に行って自宅にいない場合のように，特定の長さの時間であるとか，特別の目的のためのものである[34]。子どもの養育と保護に対して単なる権利を有することは，それ自体で親としての管理と責任を構成するものではない[35]。実際，母親が子どもの養育中ではないとみなされる状況を例示するために，ある条文の全体が当てられているのだ[36]）。社会保障局の数千の職員があらゆる異なった境遇にわたる数万のクレームについて判断をしなければならないがゆえに，そうした長さと詳細にわた

---

31. 20 C.F.R. pt.404・342 (1976).
32. 20 C.F.R. pt.404・345.
33. 20 C.F.R. pt.404・344.
34. 20 C.F.R. pts.404・347, 404・348.
35. 20 C.F.R. pt.404・343[(a)(2)].
36. 20 C.F.R. pt.404・349.

る規定を定めることが必要となる。正確で詳細にわたる指針があってはじめて，類似のケースについての共通の取扱いを請け合うことができるのである。さもなければ，個別の基礎的条件のもとで苦難を緩和するプログラムはすべからく一貫性を失うことになる。

　同様にして，社会保障プログラムのもとでの障害者給付金にかんする法律の条項にもまた，大量の行政規則によって詳細な定めがおかれている。当該法律で「障害がある」（disability）とは，「死に至ると推定されるか，もしくは12カ月を下回らない連続した期間持続するか，持続すると推定されるような，医学的に確定しうる身体的もしくは精神的な障害を理由に，実質的な収入をともないかなる稼得活動にも従事することができないこと」と定義される[37]。しかし，法定基準における障害の種別を記述するために，症状と臨床症候の特定化，および筋骨格系，特殊感覚器官，呼吸器系，心血管系，消化器系，尿生殖器系，循環器系，皮膚，内分泌系，マルチボディシステム〔複数の生体機能〕，神経学的問題，精神障害，悪性腫瘍形成の病気にかんする検査所見で15ページも要している[38]。実際のところ，法律の条項が非常に明細である場合ですら（たとえば，「『盲目（blindness）』とは，矯正レンズの使用による改善眼で20/200以下の中心視力をいう。片眼が視野の限定をともない，視野の最も広い経線が20度を超えない角度の範囲にとどまる場合は，20/200以下の中心視力を持つとした本項の目的に該当するものと解されるべきである」[39]），さらなる精緻化を必要とするであろう。盲目のケースでは，行政規則は視力を確定するにあたって使われるべきテストを指示している。たとえば，矯正レンズ使用の眼に対しては，指示された中心視能率表，通常の視野を示すチャート，視能率の比率を計算する方法に従って，「7フートキャンドルを下回らない照明のもとで，330ミリ離れた3ミリの白いディスクターゲットを用いる通常の視力測定方式」が採られる[40]。このようにして社会保障局は，適格性についての同一の基

---

37. 20 C.F.R. pt.404・1501(a)(i).
38. 20 C.F.R. pt.404, subpt. P, appendix.
39. 42 U.S.C. §416(i)(1)(B) (1970).
40. Ibid., table 2, n.1.

準が確実にどこにおいても適用されるように努めている^{訳注1}。

明らかに社会保障プログラムは,はるかに少ない明細条件と要件で運用することが可能であろう。しかしながら,ひとつの結果として,議会もプログラム担当の行政官もけっして支援するつもりがない人びとに便益が授与されること,そして彼らが届けたいと望む多くの人びとに便益がもたらされないということが起こりうる。すっきりした仕上がりのプログラムがいったん開始されたとしても,非常に詳細にわたって整備されないかぎり,そのプログラムで謳われた目的を達成することはありえないであろう。かくて,人道にかなった目標は紙のブリザードをさらに大きくするのである。

システム崩壊に先んじて

人びとが苦痛や苦難にあえぐことがないように連邦政府が努めるもうひとつの方法は,システム崩壊を前もって防ぐことである。産業システムは,どんな下位システムの失敗も必然的にほかの下位システムの動きを遅らせたり中断させたりして,その反動が全体社会に波及するような,専門分化され相互に依存しあう下位システムから構成されている。その下位システムがとくに重要なシステム――交通,エネルギー,農業,あるいは鉄鋼生産のような基盤産業――であるならば,結果は破局的なものになりうる。経済への連邦政府による多くの介入は大量の法律と規制を随伴することになるが,それがもたらされるのは,後続するであろう苦難から人びとを防御しようという決意によるものである。

そこから各種の政策プログラムと行政機関が生まれる。それらは,労使間および労働組合間の争いから引き起こされる作業停止を防止するため[41],インフレやデフレが経済安定を脅かすときに経済を運営するため[42],自然資源の浪費

<訳注1> わが国では視覚障害にかんして,ほかの身体障害とともに,身体障害者福祉法施行規則別表で障害程度等級表が定められている。1級は「両眼の視力(万国式試視力表によって測ったものをいい,屈折異常のある者については,きょう正視力について測ったものをいう。以下同じ。)の和が0.01以下のもの」である。障害認定が「視力障害」と「視野障害」に区分しておこなわれるのは共通しているが,視力測定の方法はアメリカと同一ではない。

41. この目的のために設立された機関として,連邦労働関係協議会,連邦調停仲裁庁,連邦労使関係難局処理委員会,全米労働関係委員会,全米調停委員会,およびもちろん労働省が含まれる。*1975/76 United States Government Manual*, p.817.

42. 経済政策協議会,国際経済政策協議会,大統領経済政策委員会,合衆国国際貿易委員会,賃金価

第Ⅱ章　私たち自身が作ったもの

や破壊を防止し，死活的な物資の海外からの着実な供給を確保するため[43]，この国および友好国に対する潜在的敵国からの侵略を抑止するため[44]，経済的・政治的発展と安定に向けたほかの国々の努力を支援するため[45]，そして世界大の危機に発展しうる国際的紛争の平和的解決を奨励し促進するためのものである[46]。指導者が個人的関心からそうした問題に参画することに距離をおきたいと思う場合ですら，政府はそうした危険について何かをやってくれるという一般的に人びとが寄せる要望や期待，なかでも強力な集団からのそれを無視することはできはしない。したがって政府は，ほとんどの場合いつでも，私たちがそこに生活しているシステムを破壊するであろう事件や実際の所業に先手を打って何事かを——後からふり返ると賢明ではなかったとわかることも多分に含まれるけれども，それでもとにかく何事かを——なそうとする。

こうした安全確保のために打ち上げられる施策が政府の規模を増大させ，政府活動や手続きの数量と複雑性を増大させることはもちろんである。上記のような諸目的のために設立された多数の政府機関を想起されたい。労働省，全米労働関係委員会，全米調停委員会，連邦調停仲裁庁，内務省，環境保護庁，連邦エネルギー庁，エネルギー調査開発局，商務省，国務省，国際開発局，輸出入銀行，国防省，中央情報局，等々。もしも私たちが，自分たちの経済・政治システムのまさしく存続にかんしてもっと大きな危険を冒すことを欲するならば，その前提に，どんな政府であれそれを持つとしたならば，という条件がつ

格安定協議会，経済助言者協議会，連邦準備制度，国庫通商省の一部，その他。ibid. p.814.
43. 例示として，前掲の政府要覧で以下の項目のもとに列挙されている機関を参照。農業・農業プログラム (p.811)，保全 (p.812)，電力 (p.814)，エネルギー (pp.814-15)，環境保護 (p.815)，魚類・漁業 (p.815)，食品管理 (p.815)，森林・林産物 (p.816)，輸出入 (p.817)，国土 (p.817)，鉱業 (p.819)，核エネルギー (p.819)，海洋 (p.819)，石油 (p.819)，公害汚染 (p.829)，レクリエーション (p.820)，関税 (p.821)，繊維 (p.822)，タバコ (p.822)，貿易 (p.822)，水・水路 (pp.822-23)，野生生物 (p.823)。
44. 国防省，国務省のみならず，合衆国が属するすべての国際防衛組織，情報収集機関，兵器管理・軍縮機関，政府全体の危機管理プログラムを含む。前掲書の国防 (p.813)，危機管理 (p.814) の項目参照。次の脚注45 も参照。
45. この種のプログラムの多彩なアイディアを得るために次も参照。*The Foreign Assistance Program: Annual Report* [of the President] *to the Congress for Fiscal Year 1971.*
46. 国務長官およびほかの大統領任命代表による片務的仲裁努力に加えて，合衆国は非軍事的性格の2ダース以上に及ぶ多国間国際組織に属している。1975/76 *United Staes Government Manual*, pp.653-64.

きはするものの，より縮減された，より小さな，より簡易な政府を享受することで足りるのは疑うまでもない。おそらく私たちは過度の警戒に悩まされていよう。しかし，明らかに起こりうるシステム崩壊がもたらす災禍に比べれば，それを防止するために設定されるコントロールや手続きのほうがましであって，たとえ一時的な中断によって引き起こされる一定の制約や迷惑があったにしても，そちらをよしとすることになる。

思いやりと方便

お互いから人びとを守り，人びとを打ちのめす事柄からその犠牲者を助け，システムが崩壊もしくは破壊されることがないように意図した政府政策の裏側には，人びとへの思いやりがあると示唆してきたが，しかしこうした政策も政治的方便（political expediency）にすぎないことがありうることを度外視するつもりはない。政府の役職者と行政職員の経歴，評判，その職務すらもが，政治社会における秩序と継続性の維持に依拠するのであり，相当数の人びとが——たとえそれがマイノリティにすぎないにせよ——不満を抱いて反抗的になったり，あるいは社会が機能せず，社会それ自体を守ることができないとなれば，政府の諸制度はひっくり返され，指導者たちは一掃されることにもなる。そして，たとえ諸制度が存続するにしても，指導者たちが公衆の苦痛や不安に無関心であるように見えれば，彼らはほかの者に置き換えられるであろう。だから，人びとの悩みや心配の表明に応答することは公務従事者の自己利益でもあるのだ。思いやりと方便とは，かくして政府の設定する施策要件，禁止事項および迷路のように入り組んだ手続きを生み出すことに収斂するのである。

2　代表性とその帰結

政府がそれを憂慮するにもかかわらず，政府に対する不信はアメリカにおける伝統に深く染み込んだものとなっている。その結果，政府の成長は，たとえそれが人びと自身からの保護や支援を求める要望に応答して招来されたものであっても，人びとにおける不安感を刺激することになる。アメリカ人は専制の危険，少なくとも公務従事者の傲慢さを招く危険を心配する。そして，巨大な，

人間味を感じさせない政府機構が，その果てしない怪しげな活動と権力を備え，強力な私的利益とか政府機構の内外における悪党どもによって，政府のめざす公共目的から私的な便益へと方向転換させられてしまう可能性について不安を抱いている。つまり，アメリカ人は政府によって守られると同様に政府から守られる必要性を主張し，政府を荒廃させる輩から政府を守る必要性も認識している。

　政府の代表性はそうした濫用を防止する安全装置である。もしもすべての利益が政府の意思決定過程に代表されるならば，そして，もしもその決定が小さな利益の組合せでだけ用いられる資源や方法によって歪められることがなければ，政府の意思決定が専制的になったり，恣意的になったり，誠意のないものになったり，あるいは広範な犠牲が出るようなことにはなりにくい。だから，代表性を確保するためのステップが踏まれることになる。

　だが不幸なことに，ほかの多くの申し分のない目的の場合と同様に，この目的もまた手続き上の複雑化，実質的な制約条件，文書事務の処理，引き続きその目的にあたる追加的機関〔の設立〕をもたらす。代表性の追究によってこうした望まざる特性がどうして持ち込まれることになるのか，それを説明するには，その追究において用いられるいくつかの特殊なやり方を検証するのがベストである。適正手続，意思決定の合理性，それぞれの決定の健全性，代表性を具備した課税を保証するための努力が，現に何が起こっているかを明らかにする例証となる。

適正手続
　適正手続の保持は，たとえば，政府の活動によって影響をこうむる人びとに，彼らの意見を公式の決定に記録してもらうための公平な機会を与えるべく，そのことを公務員に義務づけ，その人びとの利益が見逃されてしまったり，権力を有する者によって恣意的に踏みにじられたりすることがないようにさせる。こうした要請に違反すると判定された行為は法的に無効とされるであろう。
　レッド・テープとして一般に認識されている実務準則や制約条件のほかに，

公平性に対する欲求が付け加わる。一例として行政手続法を取り上げよう[47]。1946 年に制定されたそれは，行政機関を統御する手続的公正の諸要件について法的拘束力を持つ法典化をおこない，その概要を示したものである。その制定法は，行政機関の規則（「行政機関の意思表示の全部または一部であって，一般的にまたは特定の事項について適用され，かつその効力が将来に及ぶもの」），命令（「規則制定を除くほか，許可行為を含む行政機関の最終処分の全部または一部」および許可（「行政機関のおこなう免許，証明，承認，登録，特権の付与，資格の付与，制定法の適用免除，またはその他の形式による許可」），そして，これらの決定のおのおのに到達し，公布に至るまでの過程に適用となる[48]。

規則，命令，許可についての決定に誰が責任を負うのか，どんな権限によりその決定はなされたのか，その決定の正確な用語法，不利な決定に対してどのように，どこで抵抗できるのかを，人びとに知らせないままにしておくようなことはしないこと，そのことを保障するために制定法には公告（public information）の条項が置かれ，行政機関に対して，中央・地方の行政組織についての記述を，権限の委任も含めて「項目別に記載しかつ適時に連邦官報において告示する」よう命じている。すなわち，「その職務が処理され決定される通常の経路と方法の説明」が必要とされ，そこには実体的規則に加えて公式・略式の手続き，文書形式，指示事項も含まれるし，当該行政機関によって採用された一般的政策，法律解釈の説明も含まれる。行政機関はまた，「事件の裁決におけるすべての最終意見および命令，ならびに規則を公示するか，または公告された規則に従って公衆の閲覧に供しなければならない」。公式の記録事項は，公告された規則に従って「正当かつ直接の関係人」が利用しうるようにしなければならないのである[49]。

制定法のほかの条文はまた，規則制定にかんして「提案された規則制定についての一般的通知は連邦官報に公告されるべき」こと，そして各行政機関は，「口頭で同一の意見陳述をする機会を与えるか否かの」文書の提出により，「規

---

47. 60 Stat. 237; その後，条文の編入，修正，5 U.S.C. ch.5, subch.7 (1970 and Supp. Ⅳ, 1974).
48. 5 U.S.C. §551 (1970 and Supp. Ⅳ, 1974).
49. 5 U.S.C. §552 (1970 and Supp. Ⅳ, 1974).

第Ⅱ章　私たち自身が作ったもの

則制定に参加する機会を利害関係人に対して与えるべき」ことを求めている。関係を有する提出文書はすべて意思決定者によって考慮に入れられなければならず，また制定される規則は「その根拠および目的についての簡潔な陳述」を含むものでなければならない。いかなる利害関係人も「規則の制定，改正または廃止を請願する権利」を与えられなければならない[50]。

それにしても，『連邦官報』(*Federal Register*) および『連邦規則集』(*Code of Federal Regulations*) が図書館の書庫の棚を次々と埋めていく様子は，小さな驚きである。

行政手続法はまた，さまざまな手続きがどのようにとられなければならないかを明細に定める。裁決についての条文は，行政機関による聴聞の通知を受ける権利のある者は係属事件について関連するすべての詳細にかんする情報を適時に与えられるべきことを指示している。聴聞の日時と場所は「当事者もしくはその代理人の便宜と必要を十分に考慮して」設定しなければならない。行政機関は利害関係を有するすべての当事者に「事実，弁論，解決案の申し出または調整案を提出し，ならびに考慮する」機会を与え，合意に達しなかった場合には聴聞を受ける機会を与えなければならない[51]。

聴聞の取扱いは，とくに聴聞主宰官の権限，証拠の採用（反対尋問の権利を含む）および公的記録の性質にかんして，詳細にわたり規定されている。下位者による決定は正当なものと承認を受けることになるが，「当該機関」（すなわち最高権限者）に対する不服の申立てが認められ，不服申立ての手続きが明確に記述されている。決定は，「記録に提示されているすべての重要な事実，法律，または裁量上の争点につき，認定および結論ならびにその理由または根拠」を包含するものでなければならない。この目的のために行政機関には，「必要に応じて多数の資格がある適任の審査官（後に行政法裁判官と呼ばれる）」を任命するよう指示がなされている[52]。

最後に，「行政機関の行為により違法な侵害を受け……またはその行為により不利益を受け，もしくは利益を害された者は，その行為について司法審査を

---

50. 5 U.S.C. §553 (1970 and Supp. Ⅳ, 1974).
51. 5 U.S.C. §554 (1970).
52. 5 U.S.C. §556 (1970).

求める権利を有する」。再審査手続および裁判所の管轄範囲についての規定も定められている[53]。

連邦行政機関における行政手続について精緻さと慎重さが必要となる理由の一端はここにある。行政手続法がない場合であっても，行政機関がその顧客を傲慢に踏みつけにするようなことはないであろうことも確かである。ほかの制定法，司法上の前例，政治的圧力，および一般的に受容されている衡平性の基準が行政機関〔の行動〕を抑制したであろう。だが，行政手続法のおかげで，それが制定されていなかった場合に比べて，行政機関は自らの手続きを公式化し精緻化するように，いやおうなく仕向けられるようになったことも疑問の余地がない。

政府職員には特別の適正手続保障がある[54]。上司は勝手に部下を雇ったり辞めさせたり，懲罰を加えたり，あるいはまた，意のままに職務や勤務地を割り当てたりすることはできない。政治的現実がそれを許さないことは言うに及ばず，公務員法および公務員規則，団体交渉による協定，さらに近年では合衆国憲法第１修正条項についての司法解釈が[55]，上司〔のなしうる事柄〕を限界づけ，不当に扱われた職員は彼に及ぼした行為についての公式審査を求めることができる。連邦行政の遅さ，ぎこちなさ，複雑さのいくばくかは，少なくとも，政府に勤務する人びとの権利保障にまでそれらの原因をたどることができるであろう。

政府の内外における個々人の権利に関心があまりない社会であれば，この国に典型的な統治と比べて，もっとはるかに紙量が少なくても，また，もっとはるかに単純で迅速な行政手続でもうまく統治することができるであろう。アメリカ人は特別の組合せを採用してきているのである。

代表，合理性，行政の有効性

関連する利害関係者を意思決定過程に参加させることは，適正手続を達成する主たる方法のひとつであるのみならず，目的そのものでもある。同時にそれ

---

53. 5 U.S.C. §§ 701-06 (1970).
54. 5 U.S.C. chs. 33, 35, 71-77 (1970); 5 C.F.R. (1977).
55. *Elrod* v. *Burns,* 452 U.S. 909 (1976).

は広く共有されたもうひとつの価値としての,意思決定における合理性にも貢献する。合理性となると,それ自体でひとつの価値であるとともに,ほかのもうひとつの価値,行政の有効性に至る手段でもある。これらすべての目的の同時的追求は,レッド・テープと悪口を言われる実務慣行と制約事項をいっそうもたらすことになる。

　ここでいう合理性とは,選択がなされなければならないとき,すべての理にかなった選択肢とそれぞれの結果について考慮することを指す。それはまた決定の論理的な一貫性,決定間での不可解かつ正当化できない不一致,および当惑させられる矛盾を回避することを意味する。

　選択肢の比較考量において総合性を欠くことは,いくつかの点で合理性と有効性とを減退させることもありうる。その場合,ほかの可能性を有する選択に比して,劣った方途を選択する結果をもたらしかねない。また,強力な公共機関や政治的リーダーが決定する過程で排除されてしまい,その公共機関や政治的リーダーが結局はその決定を支持することができないような結果に終わるかもしれない。それはまた,社会の一部に対して攻撃的な政策を生み出し,それに対する強い抵抗の機会を与えるだけでなく,〔その一部勢力が〕政策を覆しさえもすることができるようになってしまうかもしれない。要するに,知恵とチームワークと,そして人びとの遵守性には限りがあって,ある政策上の立場に達するうえのことであれば,理にかなうものとして斟酌できるはずのすべての事柄とすべての人びとのことを考慮に入れて考えることができないという失敗に苦しんでいるのかもしれないのだ。

　一貫性を欠くことは,同様にして,合理性と有効性の減退を招くことがありうる。ひとつの行政機関の仕事は,ついにはほかの行政機関の仕事を否定することになるのかもしれない。同じ立場にいるほかの人びとがなんとかうまくやっているのは,異なる行政機関や地域部局が同一の問題を異なったやり方で処理しているからだと幾人かが発見したことによって,不服従や裁判の争いや政治的混乱すらも引き起こされるかもしれない。実際,施策要件が一貫していないせいで,市民たちがほかの法的命令に従うためになんらかの法的命令に反せざるをえなくなるかもしれないが,これが意味するのは,ひとつないしそれ以上の施策は約束した目標を達しえないまま終わるであろうということなのだ。

いずれにせよ、そうしたケースが露見することで、権力の座にいる人びとはあざけ笑われるがごとくになる。

したがって、こうした悲しい出来事が起こる可能性を避けようと、政府の手続きは、公平性だけの関心から決められるのではなく、それ以上に利益集団の公的決定への参加を促進すべく設計されてきた。そのことが政策決定に至るのをいっそう難しくする。だが、公的決定に際しあらゆる利害関係者に意見表明の機会を与えることにより、実行可能な選択が見過ごされることがなくなり、その種の選択のもたらす重要な結果が失念されてしまったり気づかれずに終わったりすることがなくなるという見込みが増大する。紛争や矛盾が明るみに出され解決される見込みも増え、また、そのように広範な観点からの討議を経て最終的に具現化した政策のほうが、人びとの態度や期待を無視して形づくられた政策よりも、公衆の側のより高度な自発的遵守を享有できる見込みが大きくなる。こうした条件下であれば、誰の権利も踏みにじられるようなことはないのだから、そうした政策が最大限公平だということにもなろう。より正しいか否かはともかく、隔離して形成されたり秘密裡に形成される政策に比べれば、そうした政策のほうがいっそう成功する望みも大きくなると言われる。そうした政策がより合理的で有効であると言われるのもこの意味においてである。

集団参加を高める方策のいくつかは古くから確立されている[56]。ひとつは特定の集団のためにスポークスマンとなる行政機関を指定することであり、たとえば省レベルでは、労働省、農務省、商務省などがそのようにみなされてきたが、局レベルや退役軍人庁[訳注2]のようないわゆる独立機関となると、単一の支援集団を対象とする行政機関が数多くある。長年にわたって用いられてきたほかの方策としては、支援対象とする顧客集団や規制対象集団から行政機関のスタッフを選任したり、そうした利益集団の代表者たちのために行政委員会や諮問委員会に席を確保したりする方法がある。時折は、私的利益が事実上公的権威の装いをまとうこともある。こうしたやり口に対しては、公共の利益に反

---

56. Avery Leiserson, "Interest Groups in Administration," in Fritz Mornstein Marx, ed., *Elements of Public Administration* (Prentice-Hall, 1946).

<訳注2> 退役軍人庁の設置は1930年のことであるが、1989年に退役軍人省(Department of Veterans Affairs)に改組され現在に至っている。

第Ⅱ章　私たち自身が作ったもの

して特殊利益を過度に配慮するものだとしばしば攻め立てられることになり，正義と合理性の大義を進めるうえでのそれらの効用について鋭く疑問が投げかけられてきている。実際のところ，それらの慣行のうちのいくつかには，隠された動機が基礎にあるのかもしれない。しかしそれでも，そうした慣行によって，公的な意思決定に非政府集団がまったく関与しない場合に公務員が達するであろう決定とは異なる決定が結果的に生み出されることに疑いがない。これが，そうした方策が生み出され，存続している理由なのだ。

　もっと最近では，利益集団代表が新しい分野に押し寄せてきている。とりわけ貧困撲滅戦争（war against poverty）訳注3において，連邦政府は，連邦の財政的支援を受ける地方の行政機関に対し，その運営委員会に貧窮の人種マイノリティを含めることを強力に主張するとともに，歳入分与のいくつかのプログラムにおいて，連邦資金の申請文書作成における地方参加の証拠を求めている[57]。

　利益集団代表の方策の古いタイプも新しいタイプも，政府政策の策定においてより多くの指示とコントロールを生み出し，踏むべきステップを増やし，決定が下される前により多くの交渉をおこなうようにさせ，さもなければ提起されたであろうよりも多くの決定後における訴訟事案をもたらした。政策決定の公平性，総合性，そしてコミュニティ・レベルの受容（community acceptance）が，行政の簡潔性および迅速性よりも高く評価されたのである。

　政府決定への外部集団の参加が増大することに合わせて，政府内部のいずれの行政組織単位もまた，自らの顧客に対する専門知識，見地，共感をもってその最終的成果を生み出すことに貢献することをたしかにする手続きが求められるようになる。ひとつの方法は，考慮中の問題にかんして管轄にかかわるすべての関係組織単位との間で未決定になっている決定事案の強制的クリアランス

<訳注3>　ケネディ政権のもとで準備され，彼の暗殺後にジョンソン政権によって打ち出された「偉大な社会」計画の一環をなすものとして宣言された「貧困との戦い」(war on poverty)のこと。具体的な施策は経済企画局を通じて遂行されたコミュニティ・アクション・プログラムが知られる。

57.　Joseph A. Kershaw, *Government Against Poverty* (Brookings Instituion, 1970), pp.45-47 および Herbert Kaufman, "Administrative Decentralization and Political Power," *Public Administration Review,* vol.29 (January-February 1969), pp.3-15. コミュニティ開発補助申請における市民参加条項については，42 U.S.C. §5304(a)(6)(Supp. Ⅳ, 1974)参照。保健教育福祉省規則の作成において公衆参加を高めるために同省長官によってとられたステップにかんして，Eric Wentworth, *Washington Post,* July 25, 1976 も参照。

である。たとえば，住宅都市開発省長官は1974年住宅都市開発法によって，「大統領により確定された手続きのもとで，以後の申請が地域担当行政機関に提出され，その評価とコメントを得ないかぎり」[58] コミュニティ開発補助金を新設することを禁じられた。他方で国務省は，ある報告によれば，大使に対する指示が送付される前に27ものサインが求められるような高度な技芸(アート)を一掃することになった[59]。提案された政策のさまざまな「インパクト」にかんする研究や文書報告を求めるのがもうひとつの方法である。環境影響評価はいまや環境に影響を及ぼす公的活動にとって必須の前提条件であるし，インフレーション影響評価は立法のドラフト段階で，行政部門の機関により提案される規則，規制案とともに用意しなければならず，また，公衆の文書作成負担，その業務を実施する費用，家族生活に対する未決定方策の結果についての同様な評価も提案されてきている[60]。ほかにも，調整を義務づける権限を備えた共通の指揮のもとに個々の組織を置くための異なる方法もある[61]。これらすべての方策が外部の利益代表に対する政府部内の対応手段であり，同一の主張によって擁護されている。つまり，重大な考慮が無視されてしまうようなことが少なくなり，反抗が引き起こされたり責任回避が惹起されることが少なくなるというのであ

---

58. 42 U.S.C. § 5304(e) (Supp. Ⅳ, 1974).
59. Terence Smith, "Foreign Policy: Ebbing of Power at the State Department," *New York Times,* January 17, 1971; cited in John H. Esteline and Robert B. Black, *Inside Foreign Policy* (Mayfield Publishing, 1975), p.60, footnote.
60. 環境影響評価の指針は 40 C.F.R. pt.1500 (1976) に定められている。インフレーション影響評価は Executive Order 11821 (November 27, 1974) で指令され，Executive Order 11949 (December 31, 1976) で延長されている。ペーパーワーク影響調査の提案は *The Federal Paperwork Burden,* S. Rept. 93-125, 93:1 (1973), pp.69-71 にある。家族影響評価のケースは Sheila B. Kamerman, *Developing a Family Impact Statement,* An Occasional Paper from the Foundation for Child Development (New York: FCD, May 1976) で提案された。行政規制の提案により企業活動にもたらされるであろう費用を記述した経済影響評価の計画は政府の頂点公職者の間で論議を惹起したと伝えられる。David Burnham, *New York Times,* May 9, 1977.
61. 階統制はおそらく組織についての最も古い命題である。Exodus 19:25 参照。それは通常，調整を理由として正当化される。たとえば，Leonard D. White, *Introduction to the Study of Public Administration,* 4th ed. (Macmillan, 1955), pp.38-39; Herbert A. Simon, Donald W. Smithburg, and Victor A. Thompson, *Public Administration* (Knopf, 1950), pp.130-33 を参照。組織再編の主導者が行政の「流線型化」(streamlining) について語るとき，行政機関をより大きな集合にグルーピングして単一の指揮命令のもとに置くことを意味するのが通例であり，それは，いったん分離された軍隊部門が国防省のもとに集められた方式である。

第Ⅱ章　私たち自身が作ったもの

る。

　これらの方策の有効性にかんする意見はさまざまである。しかし，たとえそれらが言われたとおりのことをすべてやり遂げたとしても，「レッド・テープ」のコストが存在する。それらの方策はシステム内部での文書の流れ，あるいは，公衆に対するペーパーワークの要求，もしくはその双方を増殖させる。政府の動きをゆっくりしたぎごちないものにさせ，政策執行の活動力をそぐことになる。費用は増大する。あるときはそれを知らないままに，あるいは望まずしてなのだが，たとえ上記のようなコストが確かにあり，便益に疑いがあってもなお，私たちはしばしば熟慮のうえで，主張される便益を得るためにその代償を支払うのである。

　政府を公共のものに保持すること

　同様にして私たちは，政府が私的利益の手段に転じて，そこに雇われている人びとのためのもの，あるいは，私的幸運を思い通りに処理できる人びとのためのものに陥らないようにするのに必要な事柄をおこなおうと試みる。

　政府で働く人びとに押し寄せる誘惑は多様で巨大である。彼らは何千億ドルの歳入，歳出（給料，退職金，経費とサービスの支払い，賃借料，補助金，税金の還付金等），および郵便切手や事務室の備品から自動車や電子装置に及ぶ大量の動産を取り扱う。きわめて厳格な管理がないことには，政府職員のひとりが少しばかりをこちらからごまかし，ほかのひとりがあちらから少しばかりを失敬し，3番目の職員がどこかでわずかな金銭をポケットに入れたりしても，それを知ることなどできはしない。こうして公金が意図された使途から不誠実な公務員の私腹を肥やすものへと流用されることになる。たとえ個々の不正流用が大きくなくとも，その集合的効果は巨額なものになりうる[62]。そして不幸なことに，管理がなされないと，平均的な個々の違反の規模は疑いなく相当なスケールになるであろう。

---

62. ありうる不正行為のスケールをある程度示す指標は小売店の経験から得られる。警備に1年で20億ドル費やされたにもかかわらず，盗難で約60億ドルを失った。専門家の推計によれば盗難総額の4分の3は従業員によるものである。*U.S.News & World Report* (June 16, 1975), p.28. 全米小売業協会はやや低い推計を示している。しかし1年間に従業員によって盗まれたと推計される総額はなお10億ドルを超える。*Newsweek* (November 24, 1975), pp.103, 107.

行政の管理職および職員はまた，彼らの公的な裁量と情報を売り渡すという誘惑にかられもする[63]。歴史的にも政府契約の請負，政府所有地の売却ないし贈与，政府所有物資の処分は，まるで政府代理人が法律の無差別な濫用を見過ごすよう買収されているかのごとくに，この種の腐敗だらけである。実際のところ，検査官，法律執行官，租税徴収官の中には，折にふれ法律違反を無視したり，上位レベルへの報告をしなかったり，あるいは少なくとも，違反者に対する罰金を減額したりするように誘われ，その誘いにのってしまう輩があらゆる分野でいる。彼らはまた標準以下の品質の製品が法律の仕様に合致すると認証したり，法外な税の減額が有効だと認めたりするように説きつけられてしまう。そんな連中は秘密の情報をもらして金をもらい，彼らを腐敗させる輩が市場あるいは政府契約の入札で競争相手をたたきのめすのに手を貸すとか，外国政府が自国を上回る利得を得るのを認めることすらもしてきたのである。

---

63. 少なくとも数件のそうした事案が露見せずに1年が過ぎることはない。たとえば1974年に，最高裁判所は，元移民局職員が在職中に賄賂を受け取った（ほかの法律違反も含む）有罪判決を支持した（Warren Weaver, Jr., *New York Times*, February 26）。ある議員は，連邦行政機関と取引関係にある会社の代表だった当時，会社に有利な決定を求め，その見返りに報酬の受け取りを請求した事実を申し立てた（Arnold H. Lubasch, *NYT*, October 2）。そして関税局に勤務していたある元輸入専門官は美術商から贈与を受けたことで罪を認め刑務所に送られた（*NYT*, October 5）。1975年には，小規模ビジネス局の高官が賄賂その他の法律違反で逮捕された（*NYT*, April 12）。移民帰化局の7人の職員が不法入国を奨励・援助，麻薬密輸入を含む一連の犯罪で有罪となった（*NYT*, October 5, 1974, and M. A. Farber *NYT*, April 27, 1975）。もうひとりの移民帰化局職員はレストランでウェイターとして働く外国人に永住資格を与えた見返りに賄賂をとったことで，被告人により永住資格を与えられた3人とともに有罪となった（Donald Janson, *NYT*, July 1 and *NYT*, November 27）。内国歳入庁を退職した徴収官は納税義務者に有利な処理をすることを誘い賄賂をとったことで起訴された（Max H. Siegel, *NYT*, October 25）。連邦エネルギー局の職員は決定を覆して石炭仲介会社に賄賂を要求したことで逮捕された（*NYT*, November 7）。そして保健教育福祉省の財政支援担当職員は，一連の職業教育校に対する学生ローンを認めた見返りに賄賂をとったとの申立てを受け，学生支援基金について職業教育校の学生および連邦政府の双方をだましたことで告発された事案で持たれた議会調査中に辞職した（Nancy Hicks, *NYT*, November 20）。1976年には，住宅都市開発省の副長官が同省と関係する事業をおこなう企業との間で将来の仕事の可能性を探ったということで取り調べ中に大統領の要請により辞職した（Philip Shabecoff, *NYT*, January 29）。大統領は空軍長官の任命に際して，被指名者が退職後に主要防衛産業契約会社により職を約束されていることが暴露された際，指名を撤回した（*NYT*, March 26）。国防省の契約官らは契約会社からの供応を得ていることが判明した（"U.S. Government Employees and Officials, Ethics in Office," *New York Times Index*, entry for July 5）。そして国防省の食肉検査官らは，軍部に売られた食肉の誤った等級づけで賄賂をとっていたことを議会委員会に認めた（Morton Mintz, *Washington Post*, May 7, and Spencer Rich, *Washington Post*, May 11）。残念ながら，リストは長いものになる。

第Ⅱ章 私たち自身が作ったもの

　彼らはまた，場合によっては，対価の支払いを強要するように誘いこまれる[64]。見返りが提供されなければ，許認可は遅延させられ，免許が先送りとなり，審議は長引かされ，手続きは引き延ばされる。検査官は報酬支払いの要求が断られたなら，評価得点によって違反に課徴金を課すこともできる。過ぎ去りし時代には，政府で働く者は政権にある政党に貢献できなければ解雇された。そして政党は，〔政党活動への貢献の〕代償としていつか政府の雇用にありつけるとの望みを抱かせることにより，定常的に人びとを惹きつけて政党のために骨を折るように仕向けたのであった。

　私たちはかかる慣行をやめさせようとしてきた。そうした慣行の多くは，賄賂がそうであるように，犯罪だと宣言されるようになったのだが，刑事上の罰則を科すのは思いとどまらされ，それは，禁じられた行為が見つけられる格好のチャンスがある場合だけのこととされてしまう。しかしながら，〔当事者間での思惑の合致による〕腐敗した取引は見つけにくい。したがって私たちはそれを抑止するだけにとどまらず，その先へと進むことになった。つまり，精緻な手続き的安全装置によって，そうした行為を犯すことをほとんど不可能にするように試みてきた。こうした戦術は，急激に増えた法律と規則および煩わしい手続きを通じて遂行され，時には，その慢性的な病気よりも防止コストのほうがやっかいだとも言われる。しかし，公共の資産に対する私たちの態度を典型的に表すのは，便益を上回る費用を拒絶するのが通例であった著名なエコノミストによる次のようなドル表現による言葉である。すなわち，「行政管理予算庁は1ドルの公共資金の窃盗を防ぐのに20ドルを支弁すべきである」と[65]。公共の資産だけではない。公的裁量も特別の倫理的ステータスを持つものと考えられてきた。それらが特別の政治的位置を占めるのは，公共の資産や公的裁量を濫用することが代議制の基盤を腐食させるからである。そうだからこそ，それらの清廉性を保持するために，私たちは多くのことをじっと我慢しようとしているのである。

---

64. たとえば，アルコール・タバコ・小火器局の前代理人は強要のかどで起訴された（*New York Times,* June 15, 1974）。一般調達局の品質確保専門官は契約の見返りを強要したことで有罪判決を受けた（ibid., January 8, 1976）。
65. Arthur M. Okun, *Equality and Efficiency: The Big Tradeoff* (Brookings Institution, 1975), p.60.

したがって，会計・財務管理にかんするコントロール^{訳注4} は数多い[66]。人事管理[67]，政府契約と調達[68]，資産管理[69]，データ処理[70]，プライバシーと情報の自由[71] にかんする法律や規則もまた同様である。監視者を監視する監視者がいて，さらに彼を監視する監視者がまたいるのである。省庁・局の財務官と並んで財務省，行政管理予算庁および会計検査院が財務問題の監視に立ち，公務員庁と省庁・局の人事管理官が職員制度の監視者になる。一般調達局は購買・公の財産にかんして，行政管理予算庁はプライバシー諸法に対する行政機関の法令遵守にかんして，また司法長官は情報公開実務にかんして，それぞれの監視を分担維持する。各行政機関は自身の法律顧問を有しているが，法廷で政府を代表するのは司法省である（若干の例外はある）。

　ラインを形成する行政機関の行政官はこのような制度的拘束，負担がかかる文書事務，政府の日常業務に加わる時間と欲求不満で神経をすり減らす。おそらくほとんどの人が彼らについて知っていないだろうが，政府と業務関係を有する誰もが彼らについてすぐに学ぶことになる。政府手続きについてしばしば風刺されるような，気が利かないこと，遅さ，複雑さは，こうしたすべての予

＜訳注4＞　その後，合衆国憲法第1章第9条の精神を反映させる観点からの改革が1990年代に入ってから相次ぎ，各省に大統領任命の主席財務官 (Chief Financial Officer) を配置したのをはじめ，施策結果を重視した目標設定と評価に重点を置くべきことを指示した Government Performance and Results Act of 1993 と連邦政府全体のアカウンタビリティ向上を主眼とした管理システムの改革のための The Government Management Reform Act of 1994 が制定され，以後の逐次的改革が進められた。また，2004年には，GAO の略称で知られる会計検査院の正式名称が従前の General Accounting Office から Government Accountability Office に改められた。

66．たとえば 31 U.S.C. chs. 1A, 2, 10, 18 (1970); 4 C.F.R. (1977) および U.S.C.S. (Lawyers Ed., 1973) の一般目録「会計・経理」の収録事項を参照。行政管理予算庁の連邦管理通知 (Federal Management Circulars) のような財務管理を規律する数多くの内部文書がある。34 C.F.R. ch. Ⅰ (1976) 参照。連邦政府（政府公社および特定の準政府機関を除く）の省庁では，会計検査院長の承認にかかる 286 の会計制度が〔1977年〕現在つかわれている。〔Sixth〕 *Report by the Comptroller General of the United States on the Status, Progress, and Problems in Federal Agency Accounting during Fiscal Year 1975*, pp.1-5.
67．5 U.S.C. pts. Ⅱ, Ⅲ (1970); 5 C.F.R. pts.1-1300, 1501 (1977). 全政府に適用可能な約 300 頁に及ぶ法律，400 頁を超える規則や規制に加えて，各行政機関が固有の人事マニュアルを有している。
68．41 U.S.C. (1970); 41 C.F.R. subtitles A, B (1976).
69．40 U.S.C. chs. 3, 4, 6, 10, 11, 12, 14, 15, 16 (1970); 41 C.F.R. subtitle C (1976).
70．40 U.S.C. §759; 34 C.F.R. pt.281 (1976); 41 C.F.R. pt. 101-32.
71．1974年プライバシー法 (88 Stat. 1896); 情報自由法 (81 Stat. 54, 修正 88 Stat. 1561). C.F.R. Index (1976), "Privacy Act" および "Information Availability" も参照。〔典拠について原著初版を修正〕

第Ⅱ章　私たち自身が作ったもの

防措置の結果であるにすぎない。もしも私たちが，公共財を私的利得に転ずる濫用行為をやめさせようと決意しなければ，事柄はもっと単純ですばやいものになるであろう。

　裕福な人びとや組織が自分たちの富を使って，政府のポストを得るのは誰なのか，もしくは，そのポストに就いた者が何をなすかについて思い通りに決めることができるようなことにでもなれば，そのときには政府の私的歪曲もまた生じる。過去においてそうした使い方は非合法的もしくは非道徳的なものとされず，そうしたことが容認されてきた。しかし，社会における富の不均衡によって，富める者が，指導者を選び公職者の行動をコントロールするうえで彼らの占める数の比率に見合わないような優位性を与えられることになった。これが，政党や候補者に対する寄付に制限を設け，政治的キャンペーン支出に上限を設定し，適格性が認められた政党に対して候補者を指名し，選挙活動をおこなうのに必要な公的資金を授与し，これらの法律の執行と監視を担当する機関を設置するための諸法律が存在する理由なのである[72]。それがまた，ロビイストに登録義務を負わせ，その財務状況を公表させる理由でもあるし[73]，人頭税その他の税の不払いをもって投票する権利を否定することを禁じた合衆国憲法修正条項および関係法律が存在する理由でもある[74]。

　こうした必要の大半が原因となって，規制の対象となる人びとに対して相次いで大量のレッド・テープをもたらすことになる。すなわち，政府のことなどまったく顧慮せずに活動してきた人びとや組織が制定法や規制に目を通し，報告書類の準備をし，記録を保持し，不利益を生ずる決定に抗議の意思を表すなど，その他の点も含めて行政官や職員に対して自らを順応させるようになる。この種の多くの制約条件が直接影響を及ぼすのは，人口の小さな部分でしかない。しかしながら，すべてが一緒になって私たちの大多数に関係する。こうして，高尚な理想主義が政府の迷宮における要求事項と禁止事項，あっちに行ったりこっちに来たりの曲がりくねった対応をせき立て，政府のレッド・テープ

72.　関係するすべての法律条文を網羅したものとして，連邦選挙管理委員会が編纂した *Federal Election Campaign Laws* を　参　照。2 U.S.C. ch.8 (1970); C.F.R. Index (1976), "Political Activity" and "Political Candidates"; 41 Fed. Reg. 35932-76 (August 25, 1976) も参照。
73.　2 U.S.C. ch. 8A.
74.　憲法第24修正条項。立法を強制する条項について，42 U.S.C. §1793h (1970) も参照のこと。

の繁茂した成長に寄与するのである。

　　代表をともなう課税
　高尚な理想が政府の多量で複雑な要求事項についてほとんど普遍的な不満を生み出すことになるひとつの分野が課税である。代表なき課税はアメリカ人にとって原理的に忌むべきことである。しかしながら，代表をともなう課税は，専制体制において目にしたであろうよりもはるかに大量の精緻で圧縮できない制定法と規則の産出に向かうのかもしれない。

　それというのも，誰もが私たちの税政策の形成に関係を有しているからである。完全な平等性がありえないことはもちろんである。影響力の違いも関心の違いも相当にある。しかしながら，直接にせよ間接にせよ，ほとんどの利害が税の決定にある程度のインパクトを有している。私たちの社会のような多様化した社会では，たくさんの情報提供者がいることを意味している。

　実際のところ，私たちの社会は複雑であり，絶対専制君主ですら税システムを単純なものに保つには苦慮することになろう。納税者の経済的状況は非常に異なるので，洗練されたシステムのみが経済の大きな部門を混乱させることなしに大きな歳入を生み出しやすいという傾向がある。さらに，税は資金を調達する手段であるにとどまらず，経済を管理するためにも用いられる。特定種類の活動を促進したり特定地方の成長を支援するために軽減されることもあれば，反対目的のために負担の上昇が図られることもある。ほかのすべてを同一にして戦略的に時を選んで〔税率を〕引き上げてインフレ傾向と闘うこともあるし，ほかの事柄を変化させずに〔税率を〕引き下げて経済を刺激することもある。これらすべての効果が税システムの考慮に入れられるとなると，それを作動させるにはきわめて念入りな立法上・行政上の精巧さを必要とする。

　多様化した民主的政治社会においては，それぞれの利害関係者が自らの肩にかかった税負担の重みを少しでも軽くしようと努めるので，税システムはますます精緻化する。広範な政策イシューをめぐる闘い——売上税対所得税，所得税一覧の累進性，事業課税対個人所得課税，給与税対ほかの資金調達法——が交わされることになる。しかしながら，税システムの複雑性およびその要求事項に従う困難性と同等に重要であるのは，税法規の変化が比較的小さいゆえに，

いくつかのグループが享有する税負担の大きな減免措置である。そうした条項は，それによって影響を受けない人びとから気づかれることがないままになるのがしばしばである。それが気づかれた場合，気づいた者は自分たちの特別優遇措置と引き替えに，反対や公開の要求を引き下げることに同意するかもしれない。長くて技術的な法案や行政規則の曖昧な部分は，こうして政策決定機構の中を当たり前のごとくに進むことになる。包括的な税改革として始まる提案が「クリスマス・ツリー」法——ほとんど誰に対しても贈り物を用意した法律——として終わるのが通例であるのもこのためである。その結果が衡平性と合理性のモデルであるとは誰も主張しないであろう。それが単純かつ簡潔で均衡がとれたものとほど遠いことは確かである[75]。誰もがぶつぶつと不平を口にする。

代表をともなう課税の欠点は，おそらく，その課税制度のために苦労する人びとによっては十分に予測しえないものであろう。彼らが前途に横たわるものを見通すことができたとしても，それでも彼らはなお，おそらくは，予測とは異なる欠点だらけのものを選びとることになるであろう。

3　多様性，不信，民主主義

思いやりと代表性を備えた政府をアメリカ人が主張することでもたらされるのは，かくして，私たちの政治システムに特徴的な施策要件と禁止事項の巨大なアウトプットであり，また手続きの精緻さである。思いやりと代表性だけが私たちの求める価値ではないことはもちろんである。それらは〔求める価値を論ずる〕紙面の全体の量や手続き的複雑性のすべてを説明するものではない。私たちは効率性，専門性，強いリーダーシップ，私たちが好むように行動しかつ独りにさせてもらう自由，安定性，力強さ，等々にも重きを置く。しかしながら，たった2つの価値のさまざまな影響を解明することで，私たちが大事にする事柄によって行動の自由がいかに奪われ，私たちが非難する負担や不便，

---

75. たとえば400頁を超える Tax Reform Act of 1976, 90 Stat. 1520 を参照。内国歳入法典全体，Title 26 of the U.S.C. (1970) で，縦2列1000頁以上である。内国歳入を規律する行政規則，Title 26 of the C.F.R. (1976) は14巻，数千頁に及ぶ。

そして遅滞へといかに導かれることになるのかが示唆される。もしもこれらがたった2つの価値の結果だとするならば，それは全面的なものではないけれども，価値あるものすべての結合したインパクトがどんなことになるのかを想像していただきたい。

　私たちの社会がもっと多様に分化していない社会であれば，公式の書面のブリザードが現在のように激しくなく，公式の過程によって作られる迷路も曲がりくねったものではなかったのかもしれない。私たちがお互いをもっと信頼しあい，公務従事者や職員を信頼できたなら，長たらしく細々と詳細をきわめた命令や指示を使って裁量を制限したり，公的活動や私的活動をチェックに次ぐチェックで制限したりせざるをえないと感ずることもなかったであろう。私たちの政治社会がさほど民主的でなく，私たちの民主主義がもっと不完全なものであったなら，政府に対して保護や支援を求める無数の要求に政府がすばやく応答するようなこともなかったであろう。多様性と不信と民主主義とが，こうして私たちを悩ます大量の制約条件と扱いがたい手続きを生み出す原因となる。この意味において，私たちが私たち自身にそれをもたらしたのである。

第Ⅲ章

糸巻きを回し直して

第Ⅲ章　糸巻きを回し直して

　レッド・テープは，表面上は，私たちが物事を作ったり，私たちが欲しいと思うようなサービスを提供したりする際に生ずるほかの副産物に似ている。私たちが欲する物事の多くは，同時に，私たちが欲しない物事の多くをも意味している。より多くの自動車は空中におけるより多くの汚染物質を意味する。より多くの電力はより多くの空気汚染であるとか，処理すべきより多くの放射性廃棄物を意味し，おそらくはその双方を意味する。より多くの食物は，私たちが利用する水への化学肥料のより多くの流出を意味する。より多くの鉄やミネラルはより多くのスラッグの堆積を意味する。包装の簡便さを増すことは，もっと硬くがっしりした包装を拒絶することを意味する。同様に，政府がもっと多くの価値を推し進めようとすると，必然的にもっと多くのレッド・テープをもたらすことになるように見える。

　いくつかの点でこのことは，もしもあなた方がレッド・テープを減らそうとしても，あなた方に難しい選択を迫るがゆえに，がっかりするような診断となる。レッド・テープがあなた方にもたらす負担を減らすのに，あなた方が欲していることのうちのどれだけのことをあきらめるべきなのだろうか。それとも，そのジレンマを積極的なかたちで述べるならば，あなた方が欲しているものを満足できるだけ得ようとするなら，どれだけのレッド・テープを我慢すべきなのだろうか。選択をはっきりさせるには費用便益分析が役立つが，将来の世代に及ぼす影響やリスクを冒す意志のような，触知しがたい重大な要因を考慮に入れる確かな方法はないのだから，それも役立たない。さらに重要なことは，各人がそれぞれ特有の時間経過にかんする感覚を持ち，好むこと，忌避することについての判断基準を持っていること，つまり，ある者なら進んで引き渡すものであっても，ほかの者にとってはそれが死ぬまで死守したいものとなる。したがって，レッド・テープをなくすことは，困難でやっかいな企てとなるのである。

　しかし，もしレッド・テープが本当に産業文明の有害な副産物のようなものであるならば，一条の光がその暗い写像を照らしてくれることもあろう。産業上の副産物の長期にわたる蓄積がもたらした結果はいまや明らかとなって，私たちはそれを削減し，リサイクルし，安全に処理することに集中しはじめた。たどらねばならない道のりはまだ遠く，私たちは，古い脅威に対処するのと同

様に（核廃棄物のような）新しい脅威に立ち向かうことにもたけていることを立証しようと努めてきている。道のりは遠いけれども私たちは，望ましい財やそれにともなうサービスを必ずしも除去することなしに有害な随伴物を処理することができることを，楽観するのではなくとも期待するだけの分別を持ち合わせている。おそらくレッド・テープについても同じようにすることを学びうるであろう。

だが残念ながら，レッド・テープは物質的な望ましくない副産物と同一で・は・ない。後者はそれと結びついた望ましい副産物と容易に識別することができるし，何が産物で何が廃物なのかということについて，人びとの間で双方の受容できるバランスをめぐってどんなに激しい論議があったとしても，だいたいのところでは合意に達する。政府の施策要件や制約条件となると，実体面でも手続き面でも，何が価値あるアウトプットであり何がひどい副産物なのかについて人びとは一致することがない。本書の最初に注意を促したように，ある利害関心からは嘆かわしいとされるものもほかの利害関心からすると尊いものとなり，ある人間にとってはレッド・テープにすぎないものがほかの人間にとっては聖なる保護に値するものとなる。こうした条件下で「有害な」要素を減少させることは，産業廃棄物をやっかいな状態のまま封じ込めることよりもはてしなく難しい。したがって，首尾よい成果を得る一般的な治癒策を考案することが困難なのである。

1　不毛な一般的治癒策の探求

手に負えない問題は，〔まさしくそのゆえに〕それがもたらす諸困難を一掃するための解決策の提案を生み出すことがしばしばである。レッド・テープの場合，その一掃をはかる提案には4種類がある。最初の2つはレッド・テープの原因が主に連邦政府の規模にあるとするもので，連邦政府活動のドラスティックな削減を提唱する。多くの行政サービスの単純な廃止や多様な形態による規制の停止によるか，あるいは，少なくとも連邦の対応機関よりも各担当部署の規模が小さくなる，州・地方政府への業務の移管によるかのいずれかである。後者の主唱者の中には，それによって「人びとにもっと近づく」ことになると

する者もいる。3番目はレッド・テープを主として行政部における省庁や局の自律性に由来するものとし，多数の自由奔放な組織単位によって生み出される無秩序と混乱を相殺する方策としての強力な中央コントロールを強調する。4番目は極端を避けるために，政府の権限を新しい方法で用いるもので，政府が望む事柄をするのに，それを目的として規制や政府活動を使うのではなく，民間の私的利益にインセンティブを与えるやり方である。

各戦略の提唱者は，自らの好む方策がレッド・テープを事実上除去するであろうことに確信を持っているかのようである。しかしながら，異教徒にとってみると，これらの主だった主張による約束はひどく誇張されているように見える。

政府を縮減するということ

連邦政府についての不信はこの国において長い歴史がある。共和政としてスタートしたそのときから，多くの人びとが私たちの中央政府機構に疑念を持ち，規模も守備範囲も最小限に維持すべき必要悪であるとみなしてきた。その伝統が絶えることはけっしてない。

もちろん，中央政府に反対したりそれを支持したりする社会的な集団形成は，年数の経過に応じて位置関係を変えてきている。たとえばジェファソン主義者は，連邦政府に対する敵意において中産・低所得集団の意見を代弁し，ハミルトン主義的な連邦政府擁護者はより豊かな商業・産業利益と結びついてきた。後年になると，社会の幸運に恵まれない構成員が精力的な拡張主義の連邦指導者たちと結びつき，ビジネス社会は私たちの中央政府機構の封じ込めを叫ぶようになった。便益の流れに態度は従うのである。

その結果として，極小政府（minimal government）の主唱者たちも有力集団の支持を得ないわけにはいかなくなった。彼らとて，連邦政府の規模と守備範囲の着実な拡大を止めることはできず，成長の大義が一貫して彼らを圧倒するようになった。しかし，〔連邦政府が課す〕制約条件の量と種類がほぼ誰にとっても影響を及ぼすレベルに達し，ますます多くの人びとが「ポイント外れ」の施策要件に従わせられ，そしてますます多くの人びとが公的手続きの油断ならない流砂に足をすくわれる羽目にあわされるようになるにつれて，政府〔規

模〕を縮減させることに味方する議論が，これまで以上に大規模で，〔その主張に〕共感を覚える聴衆にうまくアピールするようになったのかもしれない。

　議論のエッセンスは，連邦政府の規制とサービスについて言われるような便益がほとんど人びとを欺くものでしかないのに，それにともなうレッド・テープのもたらす負担とコストが現実感を持った重いものとなっているということにある。たとえば政府の家賃統制を例にとってみよう。それは賃借人の利益になるものと思われているが，賃貸物件への投資は魅力がないために，住宅供給がそれに対する需要に追いつかないと言われている。ひとつの結果として，賃貸物件の不適切な数をめぐる競争は，住宅ストックが年数を経過して時代遅れになってもなお家賃の引き上げを招くことになる。そのうえ，賃貸物件の所有者は投資に対するそれ相当の儲けを保持しようとするがゆえに，設備維持への支出を控えがちとなって，そのために賃貸料金を法定の上限にとどめたとしても賃貸物件の状態は劣化する。所有者に設備維持費を上昇させることに努めて，建築基準の強化をはかったところで，多くの構築物〔の整備〕が簡単に断念されてしまう。賃借人にとって事態はますます悪くなる。

　それとは対照的に，家賃統制がなかったならば，賃貸料金が上昇し良好な利潤が見込めることで，多くの投資者に新しい建物を建てようという気持ちを起こさせるだろうと言われる。つまり，建築供給の増加が需要に応じて賃貸料金の上昇スパイラルを抑制し，競争に耐えるために古い物件は改装されることになろう。そして，良好でなかったり古かったりする物件は，価格面での相当の有利さを提供しないかぎり賃借人の魅力を惹きつけられないであろうから，それらの物件に対する課徴金は低下するであろう。こうして長期的には，政府の保護がなくとも，おそらく賃借人にとって好都合となるであろう，というわけである。類似した議論は，消費者にとって考えられる利点が一時的でごくわずかであるのに，コストが拡大して，負担が重くなり，それが累積的になるような，ほかの多くの規制分野でもまたなされてきている。すなわち，政府が規制を止めるならば，私たちすべてが欲し，必要とするもっと多くのものを手に入れることになるだろうし，同時に私たちすべてが我慢しなければならないレッド・テープの量も劇的に減ることになるだろうとする。言われるとおり，誰もが――賃借人も，家主も，建築業者も――よりよくなるだろう，という次第で

第Ⅲ章　糸巻きを回し直して

ある。
　同様なロジックが政府のサービスにも当てはまる。補助金は，通常であれば市場の諸力で放逐されてしまうような経済的単位を支援して——そうした単位は競争によく耐えられる単位と比べて典型的に非効率なのだが——，それを生きながらえさせる。そうなると，そうした経済的単位の生産物を購入する消費者は二重の負担——非生産性のゆえのより高い価格と補助金のゆえのより高い税金——を負うことになる。貧しい者に対する援助のケースでは，多くの人は最低限の生活の糧を得られるのであれば，さほど高くない賃金を得るためにフルタイムで働くよりは何もしないことを好むと言われる。そのため賃金スケールを使って労働者のやる気を引き立てたりするのだが，そうすれば生計費が上昇する。このことで最低限の生活に必要な資金額が引き上げられ，公的扶助の現実水準を維持するために税収入も増額されなければならなくなる。支給による怠惰と高率の税によって経済は阻害される。そして双方が相まってレッド・テープを引き起こす。政府が援助総額と対象となる人員数を削減するとなれば——といっても，もちろんそれはゼロにすることではなく，市場の知恵の熱烈な信者ですら，たいていは，思いやりの情をもって市場の非人間性をやわらげようとするであろうが，多くの善意ある人びとが推奨するよりはかなり低い水準となり，現在確保している水準と比べても低く押さえられるならば——，経済の効率性は改善され，すべての人びとが求める物事の多くを享受できるようになると同時に，レッド・テープの呪いから解放されることで，より大きな自由を獲得できるであろう，というのである。
　こうした主張は，近年における物事の傾向にうんざりしている誰に対しても大きな影響力を持ち，アピールするものとなっている。現在の広範な傾向に対して，いつの日かそれが勝利を収めることにすらなるのかもしれない。しかし，そのロジックの魅力にもかかわらず，そうした勝利を予想するのは賢明なことではない。強力な対抗要因が作用して，包括的な政府の縮減を妨げることになるのである。
　対抗要因の中で主たるものは，レッド・テープの徴表とされる制約条件を方向づけるように作用する人間の邪悪さと愚劣さの多くが，意図的なものであると無意識のものであるとを問わず，もしもそれらの邪悪さと愚劣さを抑える

ために採られる〔制約条件設定等の〕方策を取り払ってしまったならば，再びよみがえることになりはしないかという危険性である。多くの人びとが汚染食品や低品質のミルク，あるいは不正ラベル品目の販売によって被害を受けるかもしれない。投資者の多くが相場操り師や悪辣な株の相場師によって暴利をせしめられる羽目に陥ることもあろう。かつては全体的に少数民族の人びとや女性に閉ざされていた多くの専門職，職業，機関があますところなく再閉鎖ということにもなろう。環境破壊が，いかに欠陥があるにせよ政府の安全装置もなくなってはるかに悪化し，将来への展望も憂鬱なものになるであろう。貧民に対しての少なくとも最低限の援助がなかったならその窮状は絶望的になって，多くの人びとがいまより自暴自棄にでもなれば，公共の秩序は不安定になるであろう。金持ち連中による政府の腐敗と支配が目に余るように横柄となり，はびこるようになるであろう。行政機関の権力を前にして顧客はどうすることもできなくなるであろう。貧乏にうちひしがれた賃借人は，市場が彼らに不十分であれ避難所をあてがうようになる前に路上に放り出されることになるであろう。

　そうしたことを防止しようとする政府の努力とて，実をいえば，そのいくつかは大いに効果的だというわけでなく，いくつかは改善しようとして事態をかえって悪化させるようなものでしかないし，またいくつかは，治癒すると思われた社会的病状と同様な苦痛をともなう副作用を生み出すものですらある。そうしたケースでは，直接的な受益者のみが対象からの排除に抵抗することになろう。それでもやはり，制約条件が課せられる以前に人びとがどのように行動するかを知るならば，制約条件の卸売りで一括して規制緩和する包括提案を拒絶したい気分にさせられる。治癒策は不完全にしか作用しないかもしれない。しかし，それなしには事態がはるかに悪くなってしまい，その欠陥や費用についてすら，ほとんどが簡単には消去できなくなることもありうるのだ。

　政府を縮減するケースに対抗的に作用するもうひとつの要因は，進行中の連邦政府プログラムとサービスにおける実質的な埋没費用（サンクコスト）である。プログラムやサービスが制度化されると人びとがそれに適応することになり，人びとは彼らの想定および理由づけにおいて，当該プログラムやサービスが実際に運用されていることを見込んで計画を立てるようになる。たとえば規制産業の生産者は，

第Ⅲ章　糸巻きを回し直して

彼らの競争会社が概して彼らと同じように施策要件を注視しなければならず，また，投資，生産，マーケティング，価格づけ，その他彼らのビジネスの存続にとって必須の活動にかんする決定もこうした制約条件に照らしてなされていることを認めている。その制約条件を取り去ることは，彼らをはなはだしい不確実性にさらすのみならず，破滅に追いやることにもなる。というのも，多くの職務上および人格上の義務は，それが有効なルールにもとづいて履行されるときには健全なのだが，規制が劇的に変えられてもなお履行されなければならないものだからである。もちろん中には，そうしたビジネス環境の変化が幸いする生産者もいるだろうし，彼らはその環境変化を歓迎することになるであろう。以前の規制分野から締め出されはしたが，なお当該分野への参入を熱望している企業もまた，規制緩和で参入規制が取り払われたことに大喜びであろう。しかし，確たる位置を占め，政府により定められた基準に従って良好な信頼関係のもとで行動してきた企業の多くは厳しい状況に遭遇して，おのずと自分たちはミスリードされてきたと感じるであろう。そして多くの中立的な観察者はそれらの企業に同感することになるであろう。

　同様にして，政府の補助金，援助，保険，保証，市場利率より低率の貸付金，その他政府の善意を受けてきた直接的な受益者は，そうした支援が突然撤回されることで，自分たちの人生と暮らし向きがひっくり返されたと感ずることになろう。そして政府の規制を受ける生産品やサービスの消費者もまた，自分たちの安全や福祉に対するそうした保護に依存してきたことをさとるようになる。公的保護の打ち切りによって，彼らの多くは新しい状況に適応するために自分たちの習慣や資源配分を変えることを余儀なくされるだろう。彼らは自分たちに投げ返された責任について，なお懸念と不運を感じるであろう。生活パターンの大きな構成部分は一定のリスクに対する政府の保護のもとで形成されてきたのであり，それが根こそぎにされたようなものだからである。

　おそらく人びとはもっと順応性を持たなければならない。おそらく生産品やサービスは，無情な競争の煽りに突き動かされて改善されもしよう。おそらく現在の方式から劇的に政府の役割を縮減した方式への移行は，調節の問題を容易にするような，漸次的で，外傷的な損傷をもたらさないやり方でも達成できるであろう。しかしそれにもかかわらず，否定できないのは，公共サービスを

縮減することと費用がかからないこととは大違いだろうということである。政府の活動は，それによって求めた便益をいつも生み出すことはないのに，その結果としてレッド・テープをもたらすのだけれども，レッド・テープを取り除くことが，大量の政府活動の縮減で解職される官僚はもとよりのこと，それ以外の多くの人びとに対する苦痛と難儀を意味することになるのもまた真実なのだ。バランスシートは利益と不利益の双方を含むのである。

かくして，メリットとデメリットを比較するだけでも，政府を縮減することは困難な課題に直面することになろう。そしてアメリカにおける利害関係の多様性が，政府を縮減することに対する抵抗を増すことになろう。たとえレッド・テープを減らすベストの方法は政府プログラムを終結させることだと誰もが原則的に合意したとしても，各利益集団にとってその包括政策に含まれるのはとるに足らないものやほとんど無意味なものばかりであって，当の利益集団が直接的に便益を得るプログラムではないということになるのは経験が示すとおりである。自分たちとかけ離れた活動は犠牲にしてもよいが，しかし家庭生活を直撃することになる活動は必要不可欠だ，ということになる。こうした状況では，〔決定に際して票の取引をともなう〕ログローリングが必然的な帰結になる。自分たちが無頓着な物事についてそれを守ろうと集団が手を結ぶのは，自分たちにとって真に関心がある物事を協力して獲得するためなのである。結局のところ実際には，姿を消す物事は何もない。このシステムにおける絶えざる多様性のうえでは，全面的な巻き返しは粉々になってしまうであろう。

同時にまた，政府の成長をもたらす諸原因はめいっぱいに持続するであろうし，政府の誤った運営管理やレッド・テープについての苦言にもかかわらず，従前からの活動の持続に向かう力強い傾向を是とする言辞が絶えず主張される。たとえば1976年の最初の数カ月において，数多くの行政機関が，過度の規制よりもむしろ自らの権限を十分活発に使っていないという非難を浴びせられた。食品医薬品局は新薬の導入に寛大すぎると攻撃された[1]。連邦住宅貸付銀行理事会，連邦準備制度，通貨監査官は，少数民族・人種等に対する貸付機関の差別を防止することに失敗したかどで，市民権利擁護団体と住宅産業団体の合同に

---

1. James S. Turner, *The Chemical Feast* (Grossman, 1970), chaps.10 and 11; *Use of Advisory Committees by the and Drug Administration,* H. Rept. 94-787, 94: 2 (GPO, 1976), pp.4, 5-6, 8, 9.

第Ⅲ章　糸巻きを回し直して

よる訴えを受けた[2]。機会均等雇用委員会は，採用の差別扱いに対する実定法の禁止条項を執行する際の不適切事案の申立てにかんして新聞の社説で厳しく批判された[3]。3 人の核技術者は核規制委員会に対して，核原子力発電の事故に対する公衆の保護が不十分だとする非難をおこなった[4]。保健教育福祉省[訳注1]は医療福祉制度における広範な詐欺的行為を抑制するのに必要な十分な資金とスタッフを要求することに失敗してののしられる羽目になった[5]。会計検査院は，歳入分与交付金の受給主体による公民権要件の遵守を確保するのに十分な執行官を求めるように財務省が努めなかったことを批判した[6]。フォード大統領は，ウォーターゲート事件の発覚をうけて「帝王的大統領制」（imperial presidency）をめぐる不穏な状況があったにもかかわらず，就任後 1 年経たずして大統領スタッフを拡張しようとした[7]。上院の政府活動委員会小委員会は，現在自己規律に委ねられている独立の会計検査士（会計事務所）に対する連邦統制を勧告した[8]。多くの人びとが，制約条件を緩和するのではなく，それをもっと多くすることを望んだのであった。

　政府の規模が過大で過度に複雑になっていることで大騒ぎしているにもかかわらず，実際のところ，新しい組織の単位，新しいプログラム，新しい活動が絶えず立ち現れていたのである[9]。たとえば 1976 年のこと，大統領の指名および選出をめぐる激しい闘いが政治家の何より重要な仕事だということも，また

---

2. Ernest Holsendolph, *New York Times,* April 27, 1976. この訴えが正当であるとする強力な証拠が存在したことについての上院銀行委員会の発見につき，Austin Scott, *Washington Post,* June 1, 1976 も参照〔連邦住宅貸付銀行理事会は 1989 年の金融機関改革復興法により廃止された〕。
3. Editorial, *Washington Post,* April 28, 1976. 不適切な予算と不十分なスタッフに問題の責任があるとする，機会均等雇用委員会メンバー Daniel E. Leach の回答も参照のこと。Ibid., May 8, 1976.
4. David Burnham, *New York Times,* February 19, 1976.
＜訳注 1＞　1953 年設立の保健教育福祉省 (Department of Health, Education, and Welfare) は，カーター政権のもとで 1979 年 10 月，教育省 (Department of Education) が分離して設立されたことにより保健社会福祉省 (Department of Health and Human Services) となった。「議会の番犬」として位置づけられる会計検査院の正式名称変更を含め，90 年代以降の改革については第Ⅱ章訳注 4 を参照されたい。
5. Nancy Hicks, ibid.
6. Editorial, *Washington Post,* October 19, 1975; Warren Brown, ibid., June 3, 1976.
7. David E. Rosenbaum, *New York Times,* July 10, 1975.
8. John F. Berry, *Washington Post,* January 17, 1977.
9. Herbert Kaufman, *Are Government Organizations Immortal?* (Brookings Institution, 1976) を参照。

主要な2人の候補者が政府の成長を抑制することに公的にコミットしたということも，行政部で少なくとも5つの新しい行政機関を設立する法律の制定を防止できなかった[10]。各省の命令で設立された機関やほかのより下位の手段での設置によるものは言うに及ばない。政府の成長に向かう推進力はほとんど抑えがたいように見える。

　より小さな政府でなく，より大きな政府は調整の探求からも生ずる。そのことによって「組織階層の挿入」（layering）——既存の機構への追加的な行政レベルの挿入——をもたらす。古典的であるのは国防省の例であって，旧戦争・海軍省とともに新設の空軍省を包含しており，いずれも準内閣レベルに継続して置かれていた[11]。しかし省内部での変遷もある。たとえば全米海洋大気庁が商務長官と省のいくつかの局の間の新しいレベルとして創設された[12]。どちらのケースでも，ある意味で既存の行政機関の仕事を寄せ集めて組織が設立されている。この戦略は行政機関の総数を増やすものでもあり，〔それによって〕規則や規制の発生源も増え，行政機関が従う拒否権および評価の多元化が助長される。執政部にたくさんの例があるように，行政機関間の調整委員会の設立はそのためである。

　政府活動の範囲と強度を縮減するというロジックは，このようにして強力な対抗的な傾向を見せる厳しい現実に対処することを迫られる。そうした〔政府

---

10. The U.S. Parole Commission (in the Department of Justice), 90 Stat. 219; the Office of Science and Technology Policy (in the Executive Office of the President; the act also created the President's Committee on Science and Technology and the Federal Coordinating Council for Science, Engineering, and Technology), 90 Stat. 459; the Commission on Security and Cooperation in Europe, 90 Stat. 661; the Office of Energy Information and Analysis (in the Federal Energy Administration), 90 Stat. 1135; and the Federal Grain Inspection Service (in the Department of Agriculture), 90 Stat. 2868-9.
11. 国防省の起源は the National Security Act of 1947, 61 Stat. 495 にある。それが行政部の省になったのは1949年のことである（61 Stat. 495）。*1974/75 United States Government Manual*, p.150 を参照。ニクソン大統領による4つの巨大省設置提案については Papers Relating to the *President's Departmental Reorganization Program* (GPO, revised February 1972) をも参照のこと。
12. Reorganization Plan No.4 of 1970, 84 Stat. 2090. 実際には海洋大気庁がそれ以前に設置された中間レベルの The Environmental Science Services Administration にとって代わった (Reorganization Plan No.2 of 1965, 79 Stat. 1318)。その旧機構は名目的には旧気象局と沿岸測地調査局の統合であった。海洋大気庁が設立されたとき，内務省から数多い漁業関係職務と担当機関が，また国防省からいくつかの職務が付け加えられた。しかし，旧機構の主要な局は，変更はあったが海洋大気庁の主要構成部分として存続している。全米気象局，全米海洋局，全米海洋漁業局がそれである。

第Ⅲ章　糸巻きを回し直して

活動縮減の〕主張にコミットし，それを普及させようと懸命な努力をすることは必ずしもむなしいことではない。とどのつまり，対抗的傾向に対する確たる反対がないとしたなら，その傾向によって私たちはどこへ運ばれていこうとしているのか，そのことを誰が知っていようか。ただ，近い将来においてすべてが同じであれば，継続的な成長に向かう〔政府活動の〕根深い傾向への大きな反転はありそうもないように見える。

　しかし，なんらかの奇跡によって大規模な反転が突如として起きたなら，その奇跡のあとには間もなく政府成長の復活が続き，奇跡が無に帰することになるであろうことを予測することも理にかなっている。今日の状況を生み出した諸要因がそれを再び創り出すであろう。そのことを防ぐ唯一の方途は，それらの要因を改変するか，もしくは除去することであろう。だが，結果を生み出す原因が持続するのであれば，その結果を一掃することは一時的な措置にとどまる。それらの諸要因を改変するには，私たちの社会，私たちの経済，そして私たちの政治における全面的な変化が必要となろう。社会的秩序も不変でありえないことはもちろんである。人びとは不満をつのらせて革命的コースに乗り出すことも，たとえそんな冒険の結果が不確実であるにしても，それができるのだ。しかしながら人びとは，レッド・テープにうんざりしているということだけで反乱を起こすことはおそらくないであろう。レッド・テープはそうしたラディカルな行為様式のための十分な刺激要因とはならないように見受けられる。というのも，新しい秩序がレッド・テープからもっと解放されることを保証するものではないからである。そのために政府の成長を促す諸原因は存続し，その結果が再現することになるだろう。

　こうした状況においては，政府活動の中でも注意深く選ばれた，とんでもない結果をもたらすような，一般に失策と認められている事柄だけが，それを除去するチャンスとされる。そうした地道な方策によって，連邦政府の多量なレッド・テープをかなりの程度減らすことまでは望みえないであろう。しかし政府のすべての前線において地道な企てをすることが，政府の全面にわたる縮減を試みる以上の効果をもたらすことになろう。

連邦権力の移譲

　連邦のレッド・テープを容赦せずにすばやくなくすことを夢見る人びとの中に，政府職務と権限および責任の単なる削減ではなく，それらの再分配を示唆する人がいるのはなぜなのか，そのひとつの理由がここにある。真っ正面から削減に奮闘することのむなしさは，明らかにそうした批判者たちに躊躇を覚えさせる。そこで彼らは異なる種類の治癒策——連邦政府から州・地方政府へ活動を移すことを提言する。

　この提言は，政府の施策要件と禁止事項についての一致を見ることがない様相の原因にかんして，一般的な縮減を提言するのとは異なる前提から出発しているように思われる。一般的削減を主張する人びとは，公共機関がどんなことを引き受ける場合にも，とりわけ広範なバラエティに富んだ異なる施策に従事するときには，必然的に不愉快な結果をもたらすことになるとする信念に明らかにもとづいている。これに対して移譲提言は，不愉快な結果が生ずるのは大部分が政府のひとつのレベルに活動が集中していることにあるとする。おそらくは，〔その集中によって〕結果的にもたらされる混雑こそが，私たちがレッド・テープと呼ぶ不幸な結果を引き起こしているのだという。したがって，諸活動の分散をすること，それが苦難を緩和するために指示される方法となる。

　もとより，混雑が権力の集中を怖れる主要な理由なのではない。集中した権力は，それに対して抵抗するのが難しく，したがって専制へと移行する。そのことに比べれば，レッド・テープをもたらすことへの影響は小さい問題でしかない。

　だがしかし，そのような影響において見劣りがするにせよ，それはいぜんとして無視しうることではない。集中が混雑を生み出すのは，集中によってコミュニケーションに負荷がかかりすぎるからである。行政機関の本部機構は現場職員に対して，どの最先端における職員行動をも導くために精緻な指示事項を送らねばならず，現場職員はまた本部の指示に確実に従おうと，決済，明確化，不測事案に対する指示，その他の支援ないし承認を求めることが必要となるがゆえに，伝達チャネルは現場へのメッセージと現場からのメッセージで詰まってしまうかもしれない。それゆえ本部事務局は負担をさばくために膨張する。結局は情報の通信渋滞に対して新しい組織単位が単純に付け加わる。そのうえ

第Ⅲ章 糸巻きを回し直して

　さらに，本部機構の拡張につれて本部内部での調整困難が現出し，そうした問題を克服するために新しい組織レベルが設けられたりする。しかしながら，新しいレベルはコミュニケーション過程におけるステップの増加を意味し，意思決定はさらに遅くなる。こうして決定に到達するためにますます時間がかかるようになり，政策や判断が最終的に決まるときには，その政策や判断に従ってそれを執行する人びととからかけ離れたものとなって，しばしば現地の条件にそぐわないものであることが判明する。そのためにそれらは，遠く離れたでしゃばり好きの役所組織の馬鹿馬鹿しいおせっかいとして非難されることになる。

　それゆえこの考え方に従えば，移譲が望ましいのは，それが専制に対する防波堤を構成するという主たる理由からだけでなく，付随的には，レッド・テープとして言及される諸条件を減らすことになるからである。第1に，政府の決定センターを政府決定に従うことが想定される人びとに近づけることで，移譲により地方のニーズや諸条件が認識され考慮に入れられる蓋然性が高められる。それはまた，地方利益が自分たちに直接影響を及ぼす政策の形成に参加するよりよい機会を提供するものでもある。そうすることで決定は地方の環境にいっそう即したものになるだけではない。人びとは自分たちが除外された決定行為に比べて，自分たちが参加した決定行為に対して寛容になる傾向があるがゆえに，その決定は地域住民により受容されるものとなるであろうからである[13]。中央で〔一方的に〕課せられた場合にはレッド・テープとみなされるものも，地方で決められた場合には合理的な制約条件とみなされうるのである。

　第2に，解決に至る前に本部機構に照会されなければならないような若干の問題が残るとしても，物事がより迅速に運ぶということがある。責任を離れたところにいる上司にたやすく回すこともできないので，ことわざにあるような官僚の臆病さと官僚制の集合的責任の回避は減るだろう。伝達チャネルが上に向かって流れる伺いや要望および下に向かって流れる指令や詳細通知で詰まることもないであろう。そのようにして政府活動にかんするいらだちのほかの発生源も取り除かれよう。

---

13. The section on "Participation in Decision Making," in Victor H. Broom, "Industrial Social Psychology," in Gardner Lindzey and Elliot Aronson, *The Handbook of Social Psychology,* 2d ed. (Addison-Wesley, 1969), vol.5, pp.227-39 を参照。

こうした論法は，いまや公式の政策となった連邦歳入分与（federal revenue sharing）訳注2 および補助金の統合化を支える要素となっている。一般歳入分与（general revenue sharing）は合衆国における一般政府のすべての下位政府単位に対し公式に従って配分が決められる包括補助金（block grant）であって，かなり特定の目的のための数多い「カテゴリー別」の特定補助金を補完するものである。後者は受給主体が申請しなければならず，給付を受けるすべての行政機関の裁量に対する相当な制限をともなっている。「包括補助金」とは，たとえばコミュニティ開発のような個別事業に対する補助金を説明するのに使われる用語であり，多くの狭いカテゴリー別プログラムを範囲の広い単一プログラムに統合し，適格の政府によるいくつかの別々の申請を単一の申請に置き換え，受給主体に対する一定の制約条件を緩和するものをいう。双方の援助形式は州・地方政府に対する連邦統制を撤回するもので，連邦資金の供給を削除することはない。同時に，連邦政府の執政部内部では，さまざまな省による共通地域境界の設置，地域本部のための同一都市の採用，地域機関職員やほかの現地職員による協議会・評議会の編成などの手段を通じた対内的分散によって権限移譲が推進されてきている[14]。

　このような戦略が連邦のレッド・テープにかんする苦言を相当程度減らすことになるかどうかは，いぜんとして推測の域を出ない。これまでの試みは最近のことであり，効果を立証するにはおそらく限定的でしかない。しかしながら推論的ではあるが，移譲にともなうある種のコストが一面的ではないことを物語っており，社会における政府の役割を縮減するのと同様に，移譲にはそれを推進する作用とともにそれに対抗する作用をもたらす強力な要因があることがうかがわれる。

　その中でも第1に，より小さな管轄区域ないし下位の行政官に対する制約条件が取り除かれた場合の国家政策の散逸（dissipation）という問題がある。た

<訳注2>　ニクソン政権で導入された一般歳入分与 (General Revenue Sharing) は，レーガン政権により1986年に廃止された。そのため，以後の連邦政府には日本の地方交付税制度に当たるような制度はなく，「財政調整制度なき国家」と言われる。

14. Appendix D, *United States Government Manual*. (Standard Federal Regions の最初の地図は1972-73, p.604に登場する。それ以後，地図とともに地域区分，協議会，評議会の説明が各年度版で提示されるようになった。)

第Ⅲ章　糸巻きを回し直して

とえば，市民的権利と自由の分野を例にとってみよう。州・地方政府の行政官や職員，私企業および個人，国の特定部分における連邦行政機関の現場職員ですら，裁判所が結果的に憲法上の保障であると認めたものに矛盾する実務慣行に定常的に従事している。権力の濫用はもっぱら連邦のことでも，主として連邦のことですらないのだ。権利を侵された集団は，何年もの間の辛抱強い，時には胸の張り裂けそうな思いがする労苦を費やし，あちらこちらの違反者による権利侵害に対して，裁判所からは判決を，議会からは制定法を，それぞれの大統領からは命令を，憲法保障の実施に当たる関連の連邦行政機関からは行政処分を勝ちとっている。この国のすべての居住者に対して憲法の保障が十分に実現されるまでには明らかに長い道のりが存在するけれども，これまでなされてきたそうした進展は，権利侵害をこうむった人びとの側に立っての連邦政府の介入にその多くを負わなければならないのである。ワシントンで辛うじて勝利を得た人びとが，その集団にとってみれば，敗北と無視にさらされた歴史を有する管轄区域への権限の移譲に消極的に黙従するつもりがないことは明らかである。連邦の市民的権利条項に違反していると申し立てられた地域から補助金を返還させる連邦政府の最近の動きはそうした不安を減らすかもしれないが，市民的権利の活動家からすれば，その政策が真剣でかつ有効であることが明らかになるまではいぜんとして懐疑的になるであろう。

　あるいはまた，連邦政府から州・地方に対して，それらのレベルの活動に単純に財政支援するのではなく，特定のプログラムを引き受け，増強をはかり，もしくは改善することで連邦の目的に貢献しようとする政府単位への誘引としての，連邦政府による補助金を例にしてみよう。連邦政府の指導者たちが，州・地方機関のそれらの連邦事業に対する対処の仕方あるいは対処の失敗に不満があるのであれば，理論的には，連邦政府がそれらを直接に遂行するために連邦行政機関を設立することもできる。実際には政治的・行政的な障害があるせいで，国家的関心がある特定問題を処理するのに，州・地方の諸機関を通じておこなうことを余儀なくさせられる。この目的のために考案されたのが条件付き補助金であり，連邦で明記する諸条件が補助金の受給主体によって充足されることを条件としている。ある意味でそれは，連邦の行政官がやってもらいたいことを受給主体にやらせるための「賄賂」である。州・地方の行政官は，

名目的にはその補助金に付けられた紐に服することで結果的に自らの自律性を狭めるよりは，補助金を断ることもできるのだが，彼らの財政的条件はほとんどの場合そうした独立不羈のぜいたくにふけるようなことはできはしない。とりわけ，補助金の資金が，自分たちの地域の住民も負担する一般的連邦税歳入から出るという事情もあるからである。その方策はうまく作動し，高度に特定化された補助金プログラムが増殖することになっている。連邦政府は，それ自体で合意を得られないような事柄をほかの主体にやらせることに成功してきているのである。

　特定の公的活動を促進することを望んでいる人びとは，したがって，移譲によってもたらされうる帰結について不安を覚えている。それというのも，結果を維持するための財政的インセンティブが取り除かれ，もしも補助金の使い方にかんするすべての条件と切り離されることになれば，補助金を通じて得られる結果も損なわれることになるだろうと彼らが信じているからである[15]。たしかに，連邦政府それ自体が執行しえない新しい政策を奨励しようと努める人びとは，補助金に紐を付けずに自分たちの眼目を勝ち取ることなど望んではいない。自由な資金は古い機能だけを求めにゆく，と彼らは主張する。換言すれば，カテゴリー別の援助形式とレッド・テープが結びついているにもかかわらず，その形式を除去することは容易ではないだろうし，たとえ除去したところで，新しいプログラムとの関連でそれが再現することを防ぐのは容易ではないであ

---

15. たとえば，州・地方財政的支援法 (State and Local Fiscal Asissstance Act) における Gary Orfield の証言，Hearings before the Intergovernmental Relations and Human Resources Subcommittee of the House Committee on Government Operations, 94:1 (GPO, 1975), pt. 2, pp.1214-19 を参照。また，貧困・高齢者に対する指定資金についての引退者代表 John M. Martin の意向にも注目されたい (Ibid., p.925)。

　ほかにそうした議論を進展させた著作として次を参照。Stephen K. Bailey and Edith K. Mosher, *ESEA: The Office of Education Administers a Law* (Syracuse University Press, 1968), pp.214-15. 教育に対する連邦援助は無条件で補助されるべきか，紐付きで補助されるべきかについて論じた彼らは，教育補助金に条件を付すべきだとする立場を強調した。彼らによれば，「教育に対する連邦補助金はすべて，それが何であれ州および地方に一切の紐を付けずに配分されるべきだとする主張は，全国の教育利益は教育の必要性にかんする州・地方の解釈と同一であると主張することである。そして補助金を受けていない州・地方教育機関は，スタッフ，共同の人材プール，想像力を有し，相当程度の増大傾向にある諸資源について，それを非合理的な地方圧力に煩わされずに国益にかなう創造的見識をもって使う自由を有するものと想定している。国民としての私たちの過去の経験と現在の経験において，こうした想定のどれかが妥当であることを示唆するものは何もない」。

第Ⅲ章　糸巻きを回し直して

ろう。

　特定のプログラムに向けた保護的な態度とはまったく別に，政策の一律的適用に対する一般的な関心は移譲の卸売りを妨げもする。画一性が取扱いの衡平性ないし平等性を自動的に請け合うということはないのだ。現に，多様性を高く評価し，それがあればこそ特殊な環境への適応が可能になり，実験的な企てが促進されるのだと言われる。そのような場合に，多様性が採り入れられ，成功することがしばしばである。しかし，ある地域の人びとが，同一のプログラムのもとで，自分たちはほかの地域の人びととは異なる扱いを受けていることに気づいたならば，その人びとは憤り，非協力的になりがちとなる。そのうえ，政策の中には，国家レベルで運営されなければ有効ではない政策もある。たとえば，エネルギー保全，汚染コントロール，運輸交通網開発，そして経済計画は，広範な視野で考え執行しなければ効果を上げることが難しい。それゆえに，連邦活動の広大な分野は，それらが必然的にレッド・テープを随伴するにもかかわらず，ほかに移譲することはできないのである。

　とにかく，政府にかんする要求が州・地方レベルや連邦官僚制の低レベルでかなわない人びとが，ワシントンでのるかそるかやってみるのを躊躇することはないであろう。私たちの政治システムは数多くの接近ポイントを与えるように組み立てられている。こうした機会を利用するのはまったくもって適切なことである。しかしこれが意味するのは，国の下位レベルの公共機関もしくは偏狭な多数派による好ましくない行為を覆すためのあらゆる努力が連邦レベルでなされるであろうということなのだ。連邦政府はどこか違う所で挫かれた人びとのための救済手段でもある。その結果として，中心からの遠心的な力と等しく中心に向かう求心的な力がいつも存在するのである。

　もしも連邦政府が少ない資源しか持っていなかったなら，もしも世界が豊かで民主的な国民にとってその気を起こさせない場所であったなら，もしも産業システムが私たちの社会のあらゆる構成要素間での相互依存関係に役立たないものでしかなかったなら，あるいはもしも人権や処遇の平等性が国民的関心事でなくなってしまったならば，中心に向かう求心的傾向は弱まっていくのかもしれない。しかしながら，私たちが順応しなければならないのはそうした環境なのだから，連邦政府はその環境下で起きている物事に対する責任をそれ自体

から奪い去ることはできないと自らさとるであろう。その責任に対する義務を引き寄せる諸力のほうが，義務を引き離す諸力よりも勝っているのである。

権限の集中化

政府過程における諸機能の分散と権限の拡散が大きくなればなるほど，求心的傾向は強まるものである。断片化それ自体がレッド・テープと非難されるまさしくそのものを生み出すのである。

高度に分権化された政府過程において，権限を有する機関が多数存在することは，一貫性のない無数の制約条件，重複した手続き，拒否権を生み出しもする。非常に多くの小規模な組織単位の存在は多くの境界があることを意味し，管轄の境界線を横切るどんな動きにも，習熟すべき新しい手続き，取得すべき新しい許可条件，文書管理の新しい適用条件，習得すべき新しい施策要件と禁止事項があることを意味する。局部的範囲よりも大きな範囲にわたる事業にとって，分権化されたシステムは，多様な方針，制定法，規則，規制および決定に従わなければならず，それらの多くは絶望的に相容れないものとまでは言えないまでも，折り合いを付けるのが難しいものでありうることを意味する。分権化はまた地域社会を，隣接する地域の部分的利害にもとづいて行動する法益侵害の訴えにさらすこともありうる。上流地域が下流地域の飲料水やレクリエーション施設を汚染させたりした場合であるとか[16]，通学バスをめぐる紛争に悩まされている地域での州・カウンティ・市の行政官相互で混乱と競合が生じ，中立的な観察者に従うなら，それらの関係機関を一緒にさせる何らかの包括した制度があったなら起こりえないようなもっと厳しい騒動に至ってしまうような場合などである[17]。さらに分権化が選択されたときには，規模の経済とか効率性とかいったことがある程度見過ごされる。

---

16. 外部不経済——そして経済性——の問題は単純な問題ではない。"External Economies and Diseconomies," *International Encyclopedia of the Social Sciences* (Macmillan and Free Press, 1968). 市場がある種の商業取引上の費用と便益を調節できるかどうかはともかく，しかしながら，ひとつの公的管轄区域によって課せられた外部性のほかの管轄区域に対する負荷はしばしば，何らかのより高位の権限——それが分権化に対立するものであるにせよ——によって調停されないかぎり，未解決で悩ましい問題のままになっている。
17. Paul Delaney, *New York Times,* June 16, 1976.

第Ⅲ章　糸巻きを回し直して

　レッド・テープに対する多くの批判者はしたがって権力の集中を提言する。その言い分によれば，集権化された機関は混乱に「片を付ける」ことができ，別々の要素からなる「狂気じみたキルト」に対して合理性と効率性を課すことができるという。政府が第二次世界大戦での戦時活動を指揮するために戦時動員局を設立し，戦争の終結に際してそこに平時体制に向けた国の復興を指揮する責任を割り当てたのはそのゆえであった[18]。戦争終結にあたって，5年後の最低建設数をこなす戦後需要の放出によって引き起こされる住宅市場圧力に対処するために，住宅建設促進局が設置された理由もそれであった[19]。1960年代の貧困撲滅戦争において，連邦政府や州政府での多数に上る既存機関に対してではなく，大統領の執政部における指揮命令機関としての経済機会局にその指揮が託されたのもそのためであった[20]。1973年のエネルギー危機とその後に対処するために，政府がエネルギー「ツァーリ」に転じたのも[21]，また環境保全主義者たちが，大気・水汚染の防止を求めるキャンペーンに立ち向かえるだけの広大な権限を有する単一の高レベルの機関を持つべきだとしたのも同じ理由からであった[22]。時折，特定の活動やサービスを「連邦化」する呼び声を耳に

---

18. Herman M. Somers, *Presidential Agency* (Harvard University Press, 1950), especially chap. 7: "The Cintinuing Need for Program Coordination."
19. Richard O. Davies, *Housing Reform during the Truman Administration* (University of Missouri Press, 1966), pp. 40-51, especially pp. 43-44.
20. Sar A. Levitan, *The Design of Federal Antipoverty Strategy* (Institute of Labor and Industrial Relations, University of Michigan and Wayne State University, 1967), pp. 26-30; and Adam Yarmolinsky, "The Beginnings of OEO," in James L. Sundquist, ed., *On Fighting Poverty* (Basic Books, 1969), p.47.
21. しかしながら，連邦エネルギー局はエネルギーの保全・開発努力を調整するための試みにおいて最終判断機関ではなかった。燃料・エネルギー問題に直接関与するおよそ25を超える行政機関に対して指導性を発揮するための組織を求めて数年にわたる探求がおこなわれた。以下を参照されたい。*Energy Policy and Resource Management,* prepared by the Congressional Research Service for the Subcommittee on Energy of the House Committee on Government Operations, 93:2 (GPO, 1974), pp. 3-10; and *Federal Energy Reorganization,* a report to the Senate Research Service for Senator Charles H. Percy, 94:2 (GPO, 1976), pt. 2.
22. 環境政策を勧告するための「環境の質協議会」が1969年に設立された（83 Stat. 852）。そして環境を扱う数多くの分散された施策を1つの行政機関に集めるために環境保護庁が1970年に設立された（Reorganization Plan No. 3, 84 Stat. 2086）。しかし環境行政は分散したままであった。Arnold W. Reitze, Jr., Environmental Law, 2d. ed. (Washington: North American International, 1972), pp. 78-98. そのために包括的な手段の探求が続けられた。たとえば次のものを参照。*Congress and the Nation's Environment,* prepared by the Congressional Research Service for the Senate Committee on Interor and Insular Affairs, 93:1 (GPO, 1973), chap. 20.

する理由のひとつがそれである[23]。そして，レッド・テープの一形式——連邦文書記録（federal paperwork）——に対する闘いが時々政府のど真ん中で唱えられるのもそのためである[24]。

その戦略はある程度まで，しばらくは効果があるように見える。しかしながら，非常に長期間にわたるということは滅多にない。ほかの理由での利点がどうであれ，レッド・テープへの影響はわずかである。次第に好ましくない兆候が再現する。中心に密集することの帰結について政府極小主義者や分権主義者が抱く懸念は明らかに根拠がないものではない。

連邦文書記録に反対する闘いは良い例である。その歴史は古く，下院のある議会委員会はその歴史を 1810 年までたどった。しかしその闘いのペースが著しく進展したのは，ニュー・ディールと第二次世界大戦の時期である。1938 年以降，議会の一委員会が逐次的に設けられ，執政部では 2 つのフーバー委員会といくつかの改革機関が設置され，そして連邦文書記録委員会がその問題に関心を注いできた。こうした調査の初期におけるひとつの成果が 1942 年の連邦文書記録法（Federal Report Act）であり，企業家が負う連邦提出記録の負担を減らすことを意図していた[25]。それは予算局に対して「複数の機関が統計の収集をおこなっている場合において単一の連邦行政機関が統計の収集に当たるように命令し，データ収集が必要であるかを決定し，その統計を一定条件のもとにほかの行政機関が利用できるようにすることを要請し，新規に 10 人以上からデータを収集する計画を承認もしくは不承認する権限」を与えるものであった。同局はその仕事を入念におこない，1945 年に上院委員会から「不必要

---

23. たとえば福祉の分野では，「カテゴリー別補助費用の完全な連邦化が保健教育福祉省前長官ウィルバー・コーヘン（Wilbur Cohen）および共和党側では——副大統スピロ・アグニュー（Spiro Agnew）によって強調されていた」。Gilbert Y. Steiner, *The State of Welfare* (Brookings Institution, 1971), p.20. レッド・テープを減らすことよりも財政負担を上げることがこうした提言の主目的であったが，レッド・テープは疑いもなくそれを支える重要な要因であった。次を参照，The testimony of Johan G. Veneman, Undersecretary of Health, Education, and Welfare, in *Problems in Administration of Public Welfare Programs,* Hearings before the Subcommittee on Fiscal Policy on the Joint Economic Committee, 92:1 (GPO, 1972), pt. 1, pp.67-69.
24. 以下の 83-84 頁，84-91 頁を参照。次も参照。*Congessional Quarterly Weekly,* vol.33 (October 11, 1975), pp.2168-69.
25. 56 Stat. 1078; 次も参照，Executive Order 10253, June 11, 1951.

第Ⅲ章　糸巻きを回し直して

な報告作成に対する企業の心配を軽減したこと」に対して賞賛されたほどであった[26]。

だが 10 年経たずして全体システムが集中砲火にさらされることになった[27]。部分的には，その初期の成功を支配してきた情報と歳入に対する増加要求を単純に抑え込むことができなかったのだ。記録システムもまた執政部内部に新しいレッド・テープを作り出したと推量できるのかもしれない。情報が必要なときにかつては直接公衆のところに出向いたすべての行政機関が，いまやクリアーしなければならない新しいハードル――新しい処理手続，新しい協議，ほかの関係職員との新しい調節，情報の新しい入手許諾権――を持ち，同時にほかの行政機関によるさらなる情報要求にさらされていた。かつては迅速かつ単純にできたことが，行政機関相互の過程になってきていた。企業人は無駄を怖れ，官僚は負担にあえいでいた。しかしながら企業人の感覚では，新しい手続きのための影響で政府の意思決定過程や行為が遅くなると感じられた。古くからの苦情が再び聞かれるようになった。同様にして，ツァーリや促進管理官の当初の任務は特定の隘路を打開することであったのに，その彼らがしばしばシステムにおける全般的な混雑を増加させる結果を招く始末であった。

その一方で，当初のインパクトはレッド・テープを強化するものであっても，集権化の長期的効果が有益であることも時にはある。14 人のメンバーから成る連邦文書記録委員会が 1975 年に仕事を開始したとき，数多くの先行機関があったにもかかわらず，実際的な勧告を作成するには現行のやり方について委員会自体の情報を開発しなければならないことに気づかされた[28]。委員会の陣容はピーク時に 175 人に達し，2 年間にわたる予算は 1000 万ドルを超えたが，委員会はそれ自体の大量のペーパーを生み出したほか，臨時的にほかのいくつかの連邦機関の仕事の支援にも当たったという。結果的に，当初の皮肉な状況にもかかわらず，委員会の仕事は疑いもなく相当な記録文書の削減と特定分野での費用削減をもたらした。その仕事にとりかかった当初には，政府内部での

---

26. *The Federal Paperwork Jungle*, H. Rept. 52, 89:1 (GPO, 1965), pp.8-10.
27. *The Federal Paperwork Burden*, S. Rept. 93-125, 93:1 (GPO, 1973), p.16; *Cogressional Quarterly Weekly* (October 11, 1975), p.2168.
28. *Congressional Quarterly Weekly* (October 11, 1975), pp. 2169-70. このパラグラフで提示した職員および予算の図表は記録委員会メンバーの提供による。

記録文書の総量は削減傾向にはなく増加傾向を見せていたのだ。おそらくは委員会が文書記録のドラゴンにきっぱりととどめを刺すことはないであろうから，ほかの同様な機関がくり返し登場しよう。ほとんどいつもそうであるように，たとえ現在のところはその目標に達するうえで事態の悪化を招いていても，将来に向けて改善を重ねる機関が存在することになろう。

　こうして権限の集中化は，権力の分散化と比べて何ほどもレッド・テープの追放に成果を挙げられなかった。それは時として問題を大きくするものですらあるのだ。

金銭インセンティブの操作

　レッド・テープ問題に対する3つの主要アプローチはいずれも不適切であること，それが，その問題への挑戦をおこなうために，〔そのものズバリの表題を掲げた著作の〕著者が言うところの「私的利益の公的利用」[29]という，異なる角度からの提言を支える論拠のひとつである。このアプローチの基礎にあるのは三段論法である。それが出発する際の前提は，社会における最も強力な力のひとつ，すなわち私的利益によって駆動するのが市場であって，その市場は財とサービスの生産と分配のための驚くべきメカニズムだ，というものである。しかし，そこに参入するすべての参加者による私的利益の追求が支配的であるシステムにおいては，いくつかの価値がわずかの承認しか得られないか，もしくはなんらの承認も得られないために不完全である。そこで政府が介入しなければならないことになる。

　かつては市場にゆだねられていた諸活動の規制もしくは政府機関による財とサービスの直接供給を通じた政府の介入は，それ自体に欠陥と言われるものをともなっている。そのひとつがレッド・テープの増殖である。新しいアプローチは市場と政府機構の双方にとって最善策を得ようと努めるものであって，前者の強力な動機づけと後者の公益志向とを利用しようとする。人びとが何をなすべきか，何をなすべきではないのかということを政府に語らせたり，あるいは，政府のなすがままにするというのではなく，課税や補助金を用いて，政府

---

29. Charles L. Schultze, *The Public Use of Private Interest* (Brookings Institution, 1977).

第Ⅲ章　糸巻きを回し直して

が公共の利益だと考える物事に即して人びとが私益にとらわれずに行為する方向へと仕向けるというのがその提案なのである。特許権の保護，金銭・信用価値の安定化，関税といった既存市場の多くのインセンティブが政府政策の結果である。したがって，既存市場のインセンティブ構造が人びとに満足のゆく結果をもたらさない場合には，さらなるインセンティブを提供することが私たちの伝統に合致しているというわけである。

　このアプローチに言われている美しさは，それが，こうした政策によって実現しようとされる社会的目的に達するまでの間に，政府の規制や活動において避けて通ることができないレッド・テープや非効率を回避していることにある。それはおそらく，市場と政府コントロールとの双方の利点を，いずれのコストも負うことなしに結合させているからである。

　利得面での効果が表明されるであろうことは十分にありうる。税負担と便益，補助金の授与または撤回といった人間行動に影響を及ぼす手段の採用は，それにより各人や各組織が規定の指示どおりの物事の処理法に拘束されずに柔軟な準拠の仕方を考案することが可能になるので，大いに有望であることは確かである。競争への刺激，イノベーションに対する報償がこうして維持される。

　しかし，この方法がレッド・テープを必然的に減少させるかは，はなはだ疑わしい。その主張が説得力を持つのは，政府による金銭の徴収と分配のほうが，規制もしくは政府の直接活動よりはレッド・テープをともなわず，また，規制権力や公共サービスに比べて，政府の財政的権力のほうが管理が容易で，公衆にとっても負担が少なく，より受け容れやすいと想定した場合のことでしかない。その想定は自明なこととして有効だというわけのものではない。経験と論理の双方がそのことに疑問を投げかけているのだ。

　政府が課す記録文書作成にかんする苦言の最たる源泉になっているもの，それは課税である。税の申告書類と報告書面の数，複雑さ，頻度とは，ほかのいかなる政府要求よりも多くの激しい攻撃を惹起する[30]。要求事項に要求事項が加わり，精緻化に精緻化が加わり，区別化に区別化が加わるにつれて，いらだたしさは幾何級数的に蓄積される。ほとんどいかなる変革も，どんなに説明が

30.　本書 8-9 頁，58-59 頁を参照。

尽くされたところで，論争をともなうものである。課税は人びとがレッド・テープだと考えているものの主たる源泉にすでになっている。それが役立てられる目的が多くなればなるほど，得られるであろうことはますます少なくなる。

同様に補助金やその他の形式による支援の分配も，スムーズに流れ，異議なく賞賛されるような，実質上自動的な過程であるわけではない。補助金の申請手続，受給資格の確定方法，補助金額をめぐる論議，不利な決定に対する異議申立ての手順は，とりわけ事務の渋滞がもたらされたときには大量の不満を引き起こす。この方法によってレッド・テープはかなり減らすことができる，といった主張を支持する歴史的記録は見当たらない。

どちらも論理的推論などではない。課税・補助金プログラムから生ずる政府指示のアウトプットのほうが規制プログラムやサービス・プログラムと比べて少ないと期待する理由などありはしない。何が課税対象となり何がその対象とならないか，何が支援に値し何が値しないのか，そして納税義務や適格性の程度は何によるべきであるのかを確定するのは容易な問題ではない。たとえば付加給付に課税する計画について，財務長官が15カ月間かけて調査研究したあと，その問題は大まかな規制で解決するには複雑すぎると結論づけたことがある[31]。彼の言として引用されているところによれば，「むしろ，付加給付が被雇用者に対する課税可能な補償金に帰着するかどうかは，現在がそうであるように，個々人の状況に存する事実と境遇次第のことであり続けるべきである」。それはすなわち，まさしく歳入の徴収を改善し平等化するためには，もっと専門的な文書形式，もっとしっかりした記録保持，税務事務官に提供されるもっと多くのデータ，もっと多くの異議申立てが必要だということを意味している。カテゴリーの増加はそれ自体で洪水のような指示事項を必要とするだろうし，予期せざる曖昧さが新たな問題を提起するので，さらに多くの指示事項が後に続くことになるであろう。新しい製品，方法，サービス〔の登場〕は，新しい条件のもとで営業を続けることが可能かどうかを見定めようとする納税義務者からの助言的意見を求める要請が押し寄せる引き金となろう。そうした問い合わせに対する回答を得るために必要とされる時間の長さについての苦言は増大

---

31. Jaqmes L. Rowe, Jr., *Washington Post,* December 26, 1976.

し，苦情の申立て数も上昇するであろうし，裁判でくり広げられる闘いの頻度もまた同様に多くなろう。こうした複雑化した法律や規則を施行するには，より規模が大きな執行機関が設立されなければならないことになろう。

補助金の複雑なシステムにしても，類似の結果を必然的にともなうことになるであろう。

したがって結局のところ，公的目的に達するために〔金銭的〕インセンティブを操作することが，規制や政府活動に比べて，文書記録作業やほかの種類のレッド・テープの負担をどれほど軽くすることになるのか，そのことは明らかではないのだ。その方策にはほかの正当化理由があるのかもしれないが，レッド・テープを削減することは，その遂行実績のひとつになりそうもない。

万能薬はない

それなら何がなされるべきなのか。連邦政府と結びついたレッド・テープを取り除く最も確かな方法は連邦政府そのものを縮減することであるが，しかし20世紀前半における政府規模にまでそれを縮減することを期待するのは賢明ではない。その不利益はあまりに大きく，あまりに多くの人びとに不利益が及ぶことになる。権限の移譲も同様で，その成果の多くに見合うだけのコストを免れるわけにはいかず，分権化について抱かれる欲求不満の中には，連邦のレッド・テープによって引き起こされる欲求不満と相競合させることが可能なものもある。その一方で，権限の集中化によって中枢部の輻輳(ふくそう)状況がしばしば生み出され，管理レベルの重層化や意思伝達の長い経路がもたらされるのは疑いもなく，そのことの不都合にも落胆させられる。そして，課税や補助金を通じて私的インセンティブを利用するという巧妙な提案にしても，明らかに，社会的経済的諸関係への政府介入に見られる最近流行の手法と同じく，大量の政府提出書面と手続き的な複雑さをもたらすことに終わるであろう。

事柄をさらにいっそう複雑にしているのは，レッド・テープの量が固定しておらず，つねに増大していることである。それというのも，レッド・テープはさらなるレッド・テープを産む傾向があるからである。政府が人びと相互の干渉から，あるいは彼らの公務員から人びとを保護するプログラムを開始しようとしたり，政府それ自身の過程の清廉性を確かなものにしようと行動を起こし

たり，課税システムをさらに精密化したりすれば，その言明には必然的に曖昧さがともなう。曖昧さに決着をつける方法によって，特定の人びとや集団が特定の便益を受ける権利があるのかどうか，あるいは特定の制約条件に服するのかどうかが決まる。その理由のために政府はすべての法形式――制定法，規則，司法決定，執行命令――を通じて恒常的に諸カテゴリーの明確化をおこなっている。しかし順番におこなわれるどの明確化にも，たとえそれが従前の定義上の境界を明らかにするにせよ，新しい定義上の境界で不確実性の領域が残される。かくて諸規定の集成の成長は相次いで進むことになる。

　諸規定の集成が広範になればなるほど，規定遵守を確実にするための取締りは広範にわたらなければならない。それが意味することはただひとつ，影響を受ける顧客のためのレッド・テープがもっと多くなるということである。取締りがもっと広範にわたることになれば，もっと多くの取締り機関が必要となり，そのことはつまり，権力と信任の濫用を抑制するために強化される方策を意味する。結局のところ，その結果はより多くの対内的・対外的レッド・テープなのである。

　奇妙なことに，政府の内外双方における裁量に対する制約条件が蓄積するにつれ，時としてその結果が，制約の対象であるはずの，まさしくその裁量を広げるポイントにまで達する。多数に上るカテゴリーや定義がある場合において，抜け目のない実施行為者（オペレーター）たちは彼らがやりたいと欲するほとんどどんなことをも正当化する事由が山のようにあるどこかを見いだすことができるのだ。こうした法的規定の予期しえない用法はしばしば「抜け穴」と考えられているがゆえに，政府における標準的対応はその抜け穴に「栓をする」規定を公定すべきだということになる。しかし，追加的なカテゴリーや定義は，時に回避のための新しい機会を提供する。そうして成長は成長そのものを食い物にするのである。

　このことは特定の政府活動の終結，移管，集中化や金銭的インセンティブがそれらの意図した結果をけっしてもたらすことがないとまで言うものではない。反対に，特定事案において，少なくとも一時的には，それらがレッド・テープを相当程度減らすこともありうるかもしれない。しかし，それらが卸売りで適用されたところで，どこでも成功するということにはならない。たとえそれら

の方策が相互に衝突しあうことがなくとも，またそれらに対する多くの方面からの強力な抵抗がない場合であっても，レッド・テープの多様な形式に対しては効果的でないだろうし，しばしば新しい種類のレッド・テープを引き起こしたり新しい場所でのその成長を促すことになろう。それぞれの方策の提唱者たちは自分たちの好む公式がレッド・テープの治癒策でもあるかのような印象を時に与えるのだが，たとえ薬剤の大量投与をしたところで，それによって減らすことができるのはごくわずかの比率でしかないであろう。そうした主張は，既述した理由によって割り引いて，そのまま受け取らないようにしなければならない。万能薬はないのである。

しかし，レッド・テープをコントロール下に置き，耐えられる状態にしておく方途は存在する。それらの方途が壮観で魅力的であるわけではない。奇跡をもたらすこともない。けれども，苦痛の緩和には役立つのである。

2　症状の治療

やっかいな事象をコントロール下に置き，耐えられる状態にしておくやり方，それは政治の正常な手法である。政治システムは特定の行動を求める明白な要望に応えるものであって，壮大なビジョンやすべてを包摂する嘆きに応えるものではない。もちろん，壮大なビジョンやはっきりしない苦情から特定の要望が決定されることもしばしばである。しかしその特定化された要望が，それにもとづいて公職者が行動を起こすことができるような具体的な方策に翻訳されるまでは，あるいは翻訳されないかぎり，いかなる政府の対応行動を喚起することも滅多にあるものではない。要望〔の取りまとめ〕によって共感の感情的表明や共有された憤りの表明，さらには結束と支持の象徴的ジェスチャーを勝ち得ることはできよう。しかしそれは，はっきりと感触を確かめうる便益とはならない。

政府の行動を求める漠とした訴えに対して，公職者や政府職員が横柄で無頓着だったりするわけではない。むしろ，そうした訴えが彼らを適切な対応行動に向かわせる手掛りとならなかったり，相対立し矛盾する行動の表徴でしかなかったりするからなのである。広範なレッテルであったほうが両立しがたい多

くの欲求や苦情を包含するがゆえにもっとクリーンな環境，よりよいヘルスケア，あるいは一般的な機会の平等といったことが煽動的に唱えられ，そのことから，そうした大ざっぱな目標に対する高邁な支持が生み出されもしよう。けれども，公式のアジェンダを改めるにあたって必要とされるのは，汚染者に対する特定化された規制であり，医療保険であり，少数派のための積極的差別是正措置の提案なのである。同様にして，レッド・テープをことごとくののしったり，それをいっぺんに片付けるとされるなんらかの万能策の進捗をはかったりするのは無駄なことであって，特定の行政機関における特定の手続きであるとか特定の課税や申告書面を攻撃の的としたり，あるいは長期にわたって放置され時代にそぐわなくなった特定の要件に対して攻撃を加えたほうがはるかに大きな成果を上げるであろう。

　連邦政府の文書記録上の要請から人びとに求められたもの，とりわけそれが小規模企業者に求められたことが，過去の世代に多大な関心を呼び起こしたのも，このゆえであった。批判者たちは，そうした一連のいらだちをもたらす要因に批判を集中した。実のところ，そうした要因のセットは巨大であり，そうであるがゆえに多くの批判者はレッド・テープと文書記録とを同一視する。もとより実際には，文書記録に対してよりもはるかに多くの批判がレッド・テープに向けられた。しかし，文字どおり巨大なものの一部分に集中することで，批判者たちはある程度の前進をなすことができ，連邦文書記録法および立法部と行政部双方における前述の文書記録についての調査活動を産み出しえたのであった。

　しかしながら，標的はそれでもなお大きすぎた。文書記録に対する不満は執拗に継続し，連邦文書記録委員会の設置に至ったのであるが，その文書記録委員会に課せられた任務といえば，文書記録にかんする問題をもっと小さな，より管理しやすい，具体的な構成要素に分解し，それぞれに対する解決策を形成することにあったと言うことができよう。

　この委員会はその前身機関と異なって，政府の一部門だけに限定されることなく，「連邦報告要請により私的市民，連邦援助の受給者，企業，政府契約者，州・地方政府に対して課せられた負担を最小化する」こと以外はいかなる責任

第Ⅲ章　糸巻きを回し直して

も負わされていなかった[32]。同委員会は，議会両院のおのおのから2人，会計検査院長，執政府機関代表2人（行政管理予算庁長官および内国歳入庁長官），州知事1人，州歳入長官1人，一般メンバー5人から構成された。活動を開始したのは1975年で，2年間でその任務を果たした。連邦の文書記録問題についてそれほど高レベルで専念して取り組み，財政資金を確保し，充実したスタッフをそろえた機関が設置されたことはそれまでになく，またとないチャンスであった。同委員会が，前身機関のなしえなかった成功をもたらすことができたのはそのためであった[33]。

　もしも小規模企業家から文書記録についての苦言の着実な集中砲火がなされなければ，十中八九そのような委員会が設けられることはなかったであろう。彼らが集中したのは特殊の負担であって，社会保障局，国勢調査局，内国歳入庁および労働安全衛生局に対して必要事項の記載が義務づけられた，長たらしくて数多い報告書面がその主たる刺激源であることが突き止められていた。標的は特定化されていた。攻撃の砲火が集中して浴びせられたのである。

　そのうえ彼らは，専門職で，思想表現に通じ，政治的に洗練されたスポークスマンを通じて自分たちの見解を広めていった。彼らのために敢然と弁護活動をしたのは，アメリカ小売業協会，財務管理職機構，全米独立経営者連合，全米小売金属製品加工業協会，アメリカ総合建築業協会，独立仲買卸売業協会，全米公認会計士協会，合衆国商工会議所，そしてさらに全米製造業協会や全米放送業協会といったグループであった。それらの諸団体が無視しえない存在であることをいぶかる者はさほど多くはない。

　もとより，そうした人目を引くような請願者の配列が，すべての苦情申立てについての救済を得るのに必要なわけではない。一般的にいって，苦情が限られたものであれば，安心を得るために動員される力も小さなものになる。だが，実質上あらゆる救済的行動について相応の動員が要請されるものであり，文書記録の問題は，動員〔の幅広さ〕と嘆きの声の強さにおいても，印象的な外観

32.　88 Stat. 1789, §1.
33.　しかし，その報告書が提出される前においては同委員会の活動の見通しについて悲観的な見方があった。Paul H. Weaver, "That Crusade against Paperwork Is a Paper Tiger," *Fortune* (November 1976), pp.118-21, 206-10.

を呈することが必要とされるだけの大きな問題なのである。

　レッド・テープのすべての事案を正すのにトップレベルの委員会が必要とされるわけのものでもない。事案のこちらは明確化の問題であるのに，そちらは制限緩和の問題であったりするし，また過度に熱心な行政機関に対する抑制的な影響力の行使，動きの鈍い行政機関に対する注意喚起，単一の手続きの改善，あるいは単一形式の単純化が非常に多くの人びとにとっての大量の苦痛の緩和をもたらしうるのだ。個々の議員やそのスタッフ，立法・歳出・予算委員会や小委員会のメンバー議員とか各委員会スタッフ，ニュースになる話に熱心なジャーナリスト，裁判所，気の合う官僚たち，争いあっている行政機関などが，変化を引き起こすためにプレッシャーを静かに，しかし効果的にかけるうえでのポイントになる。そのことはいつだっておこなわれる。レッド・テープに対して挙げられた数多くの成果はこんなぐあいにして勝ち取られているのである。

　政府におけるレッド・テープの大半を成している規定および手続きの大規模な削減は起こらないだろうし，私たちがレッド・テープについて生じる潮の干満に不可避的に飲み込まれることもないであろう。実際に腹立たしさを覚えさせる刺激源は，政治の通常過程を通じて制御されうるし，またおそらくは制御されることになろう。忌み嫌われる問題の原因の根絶をむなしく願う人びとにとっては，そのことはがっかりすることになるのかもしれない。しかし，目からほんの一粒の砂を取り除くことでどれだけ大きな安堵がもたらされるものであるかを思い起こす人びとならば，気を取り直すことであろう。

　伝統的な政治の過程は，しかしながら，自分の理論的権利を行使する知識と自信を欠き，資源を持たない大多数に上る人びとに対しては，何ほどのこともなしえないであろう。教育があり経験を備えた比較的高い地位にある市民ですら，時として政府の公職者や職員によって困惑させられたり脅されたりする羽目に陥ることがある。時には，正統的に自分たちのものと認めるものを得るために闘うコストのほうが，首尾よくいったなら手に入れることができるであろうものよりも大きくなってしまうと計算したりする。そのようにして，自分たちに権利が認められているどんなことについても，彼らはそれを要求することがない。そんなとき，私たちの周辺で，経歴や社会的地位の優位性を享受できないでいる人びとの苦境を想像してみるとよい。彼らにとってカフカの髪の毛

第Ⅲ章　糸巻きを回し直して

がよだつ悪夢は幻覚などではない。彼らがそれと関係を持つときはいつでも，たまたまそれに遭遇し，そして後ずさりをし，打ちのめされるあのシステム，カフカが描いたはそれだったのだ。

　実のところ，アメリカの公的官僚制はこの点でおそらく大概の外国の官僚制よりもましである。私たちの官僚制は例外的に開放的であり，その傲慢さが手にあまるものになったときは〔そのことを〕暴露されて攻撃にさらされる。かつては未組織の利益——少数民族，女性，貧困者，消費者，その他——の動員化のおかげで，従前よりは物事がずっとましになった。にもかかわらず，政府におけるレッド・テープのもつれが原因で脇に追いやられ，そうであるがゆえにいぜんとして，その資格があるのに適正に処遇されていない非常に多くの人びとがいる。もしもそれらの人びとが支援を得て，個々人として障害物の間を縫うように通り抜けることができるようになれば，彼らに対するレッド・テープの抑圧的な作用ははるかに少なくなり，彼らをして自分たちの権利に関心を払うようにさせることになるだろうと思われる。病気は除去することができないのだから，完全な治癒をむなしく求めてエネルギーを注ぎ込むのではなく，病気に悩む人びとを直接手助けすることが理にかなうのである。

　私たちはこの方向に向かって，すでにいくらかの歩みを始めてきている。最も古く，中でも最も重要な歩みは，連邦議会の個々のメンバーのスタッフによる「ケースワーク」の拡張である[34]。再選を望む現職議員の法的義務として，また政治的な必要性としても，「代表行為」（representation）ということで，立法過程において選挙民のために意見表明をおこなうことばかりでなく，官僚機構との接触において選挙民に対して支援をおこなうことも意味するようになった。非常に多くの人びとが政府の行政機関との関係において困惑し，無力感を

---

34. Walter Gellhorn, *When Americans Complain* (Harvard University Press, 1966), pp.57-73. 下院の少数派リーダーであったジェラルド・R・フォード (Gerald R. Ford) 議員の下院委員会組織 (*Committee Organization in the House*) における証言も参照。Hearings before the House Select Committee on Committee, 93:1 (GPO, 1973), vol. 1, pt. 1, pp.50-51. 選挙民サービスの問題を取り上げて彼は次のように指摘した。「私たちのスタッフに加えるのは健全な傾向だと思う。私がここに来た……とき，3人の非常に限られたスタッフの余裕しか許されなかったことを思い出す。今日では 15〜16 人のスタッフを抱えている」。その結果として，彼の付け加えたところによれば，多くの個人の不正義と不公平が正されることになった。

味わされ,欲求不満に陥っているとき,日常的に議員たちに訴え,一部の人びとは相当な支援を受けている。

　立法部支援の普通ではない形態が,1976年春にニュー・ジャージー州から選出された後任上院議員によって採用された[35]。連邦政府一般調達局（General Services Administration）は主要大都市区域にビジネスサービスセンターを設置し,政府契約を求める企業人を支援して——実際のところ探り出して——いるが,その上院議員は,経済的に逼迫した企業家のために,連邦・州機関に対する財・サービスの販売を管理する規則や規定を通して,いかに商売を繁盛させるかを教えることを目的とした,州北部での一日地域会議を後援した（州知事,先任上院議員,当該選挙区選出下院議員も会議の開催を支持していた）。

　行政機関の中には,それと類似の公衆への支援や助言を提供しようとしいくつかの機関がある。この種の最もよく知られたサービスは内国歳入庁によって提供されているサービス活動で,毎年,所得税の納税シーズンには,歳入庁職員が支援を求める個々の納税者と一緒になって働くことができるようになっている。同様に,社会保障局の地方支部や退役軍人庁[訳注3]の連絡官は,求めに応じてカウンセラーや支援者として奉仕する。ほかの行政機関の現地事務所もまた一般公衆に対するこの種の支援を提供しているが,内国歳入庁,社会保障局および退役軍人庁の規模と顧客の多様性はそれらの活動をとりわけ注目に値するものとしている（ついでながら,こうした公衆への配慮については,行政機関の側における無私の気前よさということで一定程度説明できるが,そのサービス活動はおそらくはそれ以上に組織利益によって動機づけられている。市民の集合的怒りが当の組織にとって有害なものになりうるが,そうした市民をサービス活動によりやわらげるのだ。市民に対するサービス活動は複雑な法的要件への順応性を高めもする。そして,最初の段階で顧客を手助けすることでもたらされるよりも,組織にとっては後になってもっと費用がかかり困難さを増すであろう過誤を減らすことになる。この点で顧客の利益と行政機関側の

---

35. Walter H. Waggoner, *New York Times,* March 16, 1976.
＜訳注3＞　社会保障局は,かねて保健教育福祉省のもとに置かれてきたが,同省の改編（前掲の訳注1参照）後,クリントン政権下で,合衆国法典42章901条に基づき,1994年に連邦政府独立機関の1つに戻された。退役軍人庁が1989年に省になったことについては第Ⅱ章訳注2に記した。

第Ⅲ章　糸巻きを回し直して

利益とが合致するのである）。

　もっと最近では，連邦政府はその一般調達局を通じて，一般公衆を支援するもうひとつの方策を導入した。連邦情報センター（Federal Information Centers^{訳注4}）がそれである³⁶。3ダースを超える主要大都市区域にその施設があり，無料の電話回線により40都市がセンター施設と結びついている。その目的は，連邦政府およびしばしば州・地方政府も含む機関にかんする情報センターとして機能させることで「人びとがあまりに頻繁に経験する問い合わせの迷路をなくす」ことにある。「市民が政府について何らかの質問を持ち，数百のオフィスのどこが回答してくれるのか見当がつかないのであれば，連邦情報センターへの電話，直接訪問，メールでどんな質問でもすることができます。センターの任務は，あなたが必要とする情報を得られること，あるいは，あなたの問い合わせに回答できる専門家に対して照会することです」。センター事務所の多くは外国語を話せる職員を抱え，そのすべての事務所が，消費者向け情報提供のパンフレットも含む政府刊行物を提供する。最初のセンターが開設されてから10年後の1977年会計年度において，同施設が受けつけた質問件数と急上昇した各地方の平均受信件数の双方で720万件の問い合わせを扱ったという³⁷。

　いくつかの民間の機関も自らの資源を使って同様なことをおこなっている。退役軍人組織，労働組合，民族集団組織も支援を求める個人メンバーに情報と助言を提供し，必要に応じて加盟組織代表としての仲介活動をおこなう。公益法律事務所および慣例上公益活動に自己資源の一部を配分している商事法律事務所もまた，助けを得られない人びとのために意を決して弁護活動をしている。ワシントンDCでは，ボランティア集団が，来訪者に都市政府からの対応を得る方法について助言をおこない，事案によっては仲介者としての役割を果たす

―――――――――

＜訳注4＞　現在の一般調達局での担当部局名称は連邦市民情報センター(Federal Citizen Information Center)。前身は1970年にニクソン政権が設立した消費者製品情報センター(Consumer Product Information Center)である。各地のセンター事務所連絡先・所在地は政府機構マニュアルの最初のガイド部分に列記されている。

36.　1976/77 United States Government Manual, pp.XIII-XIV, 544. テキストの引用は p.544.〔連邦政府一般調達局での担当部局名称は Federal Citizen Information Center である。〕
37.　データは連邦情報センターのスタッフより提供を受けた。

ことを目的とする苦情センターにスタッフを送っている[38]。ラジオ・ステーションの中には，このような方法で——政府との関係のみならず，争いがある企業との関係においても人びとの支援活動に取り組むステーションがある[39]（レッド・テープの問題は残念ながら政府固有のものではない）。

　これらすべての機関の登場は，政治の通常過程を通じて政府が，レッド・テープに不満を持つ人びとのニーズと欲求に対応することができることの証拠である。伝統的な機構が不適切だということが明らかになれば，その必要性を充たすために新しい組織が登場するようになる。

　だが，幾人かの政府研究者は，こうした組織でも，多様ではあるが，公的な活動ないし不活動に対する苦情をかかえた各人の救済には不十分だと結論づけている。議員オフィスは数年の間に著しく規模が大きくなったが，人口の増加と現代社会の増大する複雑性にともない議員オフィスに対する需要が非常に拡大し，ケースワークも大半の事案でまったくの公式的なものにとどまり——つまり，選挙民の苦情を定常的に関連行政機関に伝達すること，行政機関の対応について選挙民に定常的に報告することに終わっている。行政機関が顧客に対して支援をする場合，支援に携わる職員の利害関心は明白に顧客のサイドに立つものとなっていないのだ。顧客の要求に対して官僚側で積極的な配慮をしようにも，それが組織的忠誠と衝突したりすることもあるし，その配慮をすることが，さもなくば生じることがない紛争の種になったりすると，当の官僚の出世見通しにダメージを与えることにもなりかねない。民間団体機関による関与にしても，それが価値あることであるにせよ，公益組織の資源に制約があるために，また多くの人びとがいずれの利益集団のメンバーにもなっていないがゆえに，援助を必要とする人びとの一部分だけしか救済を勝ち取ることができない。情報センターも同様に有益ではあるものの，公的なレッド・テープの藪の中に深く進入する必要があると感じている多くの人びとは，センター・オフィスが提供する用意がある支援よりも，もっと多くの支援を望んでいる。

---

38. 「シティホール苦情センター」と呼ばれ，主として電話通信による活動であるが，コロンビア区域〔ワシントンDC〕の政府施設を収容するビルに所在する。
39. たとえばワシントンDCでは，ボランティアを使ったWTOP〔ラジオ局のひとつ〕が，不満のある公衆メンバーを支援するプログラム "Call For Action" を実施している。

第Ⅲ章　糸巻きを回し直して

　このような状況であるがゆえに，政府に対して市民の苦情を押し立てるスウェーデンの制度，オンブズマンへの関心が高まっている[40]。スウェーデン人が既存の司法救済や政治・行政の救済策に加えてそれを導入したのは19世紀のことである。それがこの国の行政にかんする議論に登場するようになったのはやっと1950年代になってからであり，そのころになって，かつてのニュー・ディール時代の行政の成長に対する熱狂主義に染まってきた人びとを相手に，大規模な公的官僚制の永続性と権力というものの危険性を知らせる警告が発せられるようになったのであった。〔オンブズマンの〕一般的概念については大量の支持を獲得してきており，いくつかの司法管轄区でその編制が試験的に試みられてきたが，詳細についての合意がなく，連邦レベルでオンブズマンを早急に採択しようとする明白な見込みはない。しかしいぜんとしてそのアイディアが持続していることは，政府のレッド・テープに対処するのに特別の手助けを必要とする人びとを助けるうえで追加的に可能なこの戦術が，連邦行政機構の体制においてはなお一定範囲の多様な取り組みを引き起こすかもしれないことを示している。

　オンブズマンとは，要するに，政府の行政機構のどこにおける行政行為に対する苦情であっても，それを受理し調査する公式の権力をまとった苦情機関の長である。もしもオンブズマンがひとつの苦情に意義を見いだしたならば，責めを受けた行政機関は彼の事実認定に応じて，彼の勧告するように苦情の原因を除去して改善をはかるのが通例である。当該行政機関がそうしない場合，オンブズマンはより高次の行政権限，裁判所，もしくは立法部に対してすら是正行為を訴えることができる。苦情の申込人は，つまるところ，行政上の諸資源が官僚制のほかの部分のそれに比肩しうるであろうような良好に整備されたチャンピオンたる行政機関，その業務遂行が官僚的敵対者に対する勝利によって測定される第一級の行政機関のサービスを享受しうるようになるだろう。インセンティブと権力とが結びついて作用し，個々の市民と公的機関の間の闘いを平等の立場のものとするだろうというのである。

---

40. Gellhorn, *When Americans Complain*; Stanley V. Anderson, ed., *Ombudsman for American Goverment?* (Prentice-Hall, 1968); and Alan J. Wyner, ed., *Executive Ombudsmen in the United States* (Institute of Governmental Studies, University of California, Berkeley, 1973).

この改革は，議員と行政機関の間に現にその姿を現している不安感を創出するものであるがゆえに，障害に直面することになろう。議員たちは，立法機関の権力が一連の小さな譲歩によって浸食を受ける可能性があることから，自分たちの職務を懸命になって護ろうとしがちになる。選挙民に対する支援サービス活動に対するライバルを創出することがまさに実質的な譲歩をもたらすことになるであろうし，議員たちのその疑念は容易に収まりそうがない。行政機関は自らの活動に対するオンブズマンのインパクトがどんなものになるのか，とりわけオンブズマンは決定行為を凍結するための障害の導入をすることができ，おそらくは，ほかの誰も創出しないような場面での抵抗を促すことができるだろうがゆえに，そのインパクトを知りたがっている。オンブズマンとほかの取り調べ機関，たとえば会計検査院や司法省との責任の区分は，それらの機関の側に一定程度の不安を引き起こす曖昧さの原因にならざるをえない。

　それにもかかわらず，政府一般に対する不満感をかき集めたような嵐雲の到来は，人びとのレッド・テープへの対処の仕方に力を貸そうという流行の方法に何か不適切な点があることを教えるシグナルなのである。オンブズマンと同等の何らかの仕組みがほかのメカニズムに加わることで，欲求不満をうまく減退させられるのかもしれない。それは閉鎖されることのない，少なくとも今後の実験を待つべき大道なのである。

　しかしながら，たとえ結局はそれがしっかりと根をおろすべきだとしても，けっしてそれはレッド・テープを終わらせたり，あるいはレッド・テープと結びついた諸問題の終わりを告げるものではない。そうではなく，それは規則の制定をおこない，ほかの機関を拘束する判断を公布するもうひとつの機関を導入することで，レッド・テープ全体の集積を大きくするものとなろう。そのうえそれは，そのやり方を進めることで，ほかの機関に浴びせかけられる非難と区別しえない批判の標的になりがちとなる。スウェーデンでは，当該制度が弱体であり臆病であるとする攻撃にさらされている[41]。この国においては，刑事上の正義の体系における英雄的改善としてかつて歓呼の声で迎えられた公費選任弁護人（public defender）も，その唱道者の多くが描き出したような改革手

---

41. Bernard D. Nossiter, *Washington Post,* June 14, 1976.

段となることはなかった。キューバでは反官僚制機関が，首相の辛口のユーモアで公言されたところによれば，レッド・テープの泥沼の中で動きがとれなくなってしまったがゆえに，1年も経たずして廃止されてしまった[42]。制度改革は，大規模組織が一般に感染するウィルスに免疫があるわけではない。したがって私たちは，ぐるぐる巻きのわなにはまった個々人を助けることで，レッド・テープの苦痛から気楽にさせるために作り上げられた手続きそれ自体が，いつの日にか公然と非難されることを予想することができるのだ。

3　死，走性，そしてレッド・テープ

　レッド・テープはかくて，生命の不可避性としての死および走性[訳注5]と同様の位置を占めるものとなっている。それは死および走性以上に耐久性があるとすら言えるのかもしれない。天国では死および走性の出る幕はないが，しかしそこもまた，おそらくはレッド・テープから完全に自由ではない。つまるところ，エデンの園におけるルールはかなり厳格であった。いずれにしろ，地球上ではそれから逃れられないのだ。
　もしもそれが，悪者の小集団による単に極悪非道な業であったり，あるいは，私たちが政府に望む物事とは容易に区別しうる廃棄物にすぎないのであれば，多分，それを廃絶することもできよう。しかし，そのいずれでもない。とにかく，それを取り除いてしまったならば，いまはそれが防いでくれている悪弊と愚行の再現におののくことになろう。さらに言えば，私たちがそれを取り除くための，もしくはそれを減らすための最善の努力をするにしても，努力の開始時点よりも多くのそれをもって終わるように見える。私たちは裁量と制約の間の適切なトレード・オフについて相反する感情を有し，誰もが自分自身に対しては前者を，隣人に対しては後者を欲する。こうした条件下において，それとともに生きることを学ぶこと，そのことしかないのである。

42.　その機関の創設は次の新聞記事に報じられていた。*New York Times,* February 21, 1967. その活動停止も同紙に報じられている。Ibid., May 24, 1967.
　＜訳注5＞　走性 (taxes) とは，生物（またはその細胞）が，方向性のある外部刺激に対して反応する生得的な行動を指す。もともとは植物における概念として形成されたようだが，現在では動物についても用いられることが多い。

しかしながら，それとともに生きることを学ぶことは，それが明示するもの，最悪の属性をすべて容認することを意味するものではない。むしろ，それがもたらす正味のコストを最小化する一方で正味の便益を最大化するべく，系統的に苦労を重ねることを意味する。私たちが必要としているのは，熱情的な攻撃よりも私情にとらわれない臨床的アプローチであり，肉切り包丁を激しく振り回すよりも小刀を注意深く使うことである。

　取り組む問題の小片や一部分を取り扱うことでは劇的な結果を生むことがないであろう。実際のところ，「ブレイクスルー」とか全体的解決策，問題を払いのける魔法の霊薬が得られる見通しはほとんどないのだから，また，世界はますます複雑になり不断に相互依存性を増しているのだから，私たちが我慢しなければならない必要条件や禁止事項の数は容赦なく増大することを覚悟しなければならない。私たちが望むことができる最善は，その増大し成長する速度が十分にコントロールされ，私たちがそうした追加的な刺激要因を調節できるようになることである。

　この限られた目標ですら容易には達成されないであろう。連邦政府によって公布される行政規制の量は近年驚くべき速度で増えてきている。たとえば1946年において，『連邦官報』の公刊ページ数は1万5000を下回っていた。1956年には年間総ページ数が1万528にまで降下したが，1966年には再び上昇して1万7000近くになり，1976年になると5万7000を超えるところまで急上昇した。連邦官報局の予測では，1980年には1年当たり10万ページに達することになるという[43]。これは粗い指数であって，ページ数には規制の最終版とともに規制の草案（利益団体がコメントできるように印刷されたもの）まで含まれ，それに実定法の用語法はしばしば規制においてくり返されることになるので，相当の重複がある。にもかかわらず，重複を認めたとしても，その規制のほとばしるさまには仰天する。規制の洪水を抑え，人びとがそれに対処するのを助けるには，決然とした辛抱強い努力が必要となろう。それを一気に吹き飛ばすことよりもひとつの問題を少しずつ削りとるには，忍耐とスタミナが求められることになる。

---

43. Office of the Federal Register, *The Federal Register: What It Is and How to Use It* (GOP, 1977), p.6.

第Ⅲ章　糸巻きを回し直して

　あらゆる兆候から見て，私たちの子孫はまさしく私たちと同様にそれを少しずつ削り取っていくのであろう。しかしながら彼らにとっては，問題の性格が異なるのかもしれない。たとえばオートメーションがその変化を助長しよう。すでに現金記録からの情報は会計・在庫目録のコンピュータにリンクさせることができ，書類の流れを相当に減らしている。多くのほかの取引が同様に記録され，自動的に巨大なデータ・バンクに送信されて，そこにおいて税金や利得，政府に対して人びとが負うその他の義務的経費，政府が人びとに対して負い，政府がほかの政府に対して負い，そして人びとが人びとに対して負う義務的経費も機械で計算され，ほとんど人的介入なしに，適正な口座から引いたり足したりの計算がおこなわれるような時代が来よう。現在の世代はそうした世界をおそらく恐怖心をもって眺めている。そのように集中化された操作を通じて全体の社会システムが操縦される危険，巧妙な資金・財産の横領や詐欺，そして個人プライバシーの減少は，私たちの多くにとって好ましいことではない。しかしながら，文書記録が増大し続けるならば，将来の世代は，リスクが高まることといらだたされる雑用が減少することとのトレード・オフもまた，それだけの価値があるとみなすのかもしれない。価値感と実務的手法は引き続き進化発展するであろう。そしてその展開につれて，レッド・テープの新しい定義および容認できないコストについての新しい評価がやってこよう。対象とする標的はけっして動きを止めることがないのである。

　けれども，十分に接続回線が張りめぐらされ自動化された社会であっても，レッド・テープを取り除くことはできないであろう。濫用からの保護は高く付くに違いない。間違いや濫用を訴える方法が開発されなければならない。たいていの場合，機械それ自体がそのユーザーに対して義務的行為と禁止事項の弾力性に欠けるセットを課すことになろう。将来のレッド・テープは疑いもなく，今日私たちが知っているものと多くの点で異なっていよう。しかしそこにおいても，レッド・テープが存在するのは確かである。

　見通しは愉快なものではない。敵に対する継続的な闘いの結果をしきりに期待して心待ちすることなど，ほとんでできはしない。その敵はけっして負けることがないどころか，私たちの闘う決意が衰えたならば私たちを打ちのめすのかもしれないのだ。しかしそれが人間の条件というものではないだろうか。人

類が見せる前進の多くは，間違った楽観主義に立つことからよりも，厳しい現実に直面することからもたらされるのではないだろうか。レッド・テープを根絶できない敵だと認めることは，その闘いをあきらめることではなく，何ほどかの成功の希望が提示される場合には，その闘いに加わることなのである。

訳者あとがき――解説を兼ねて

　本書は，アメリカ合衆国の代表的なシンクタンクとして知られるブルッキングス研究所の「ブルッキングス・クラシック」の一冊として，2015 年半ばに新版として再刊された Herbert Kaufman, *Red Tape: Its Origins, Uses, and Abuses* (Brookings Institution Press, 2015) の全訳である。

　旧版は 1977 年に公刊された著作であり，今日なおその重要性に疑いのない主題に取り組んだ，いわば古典的名作である。この分野の研究者であるバリー・ボーズマンによれば，同書は「レッド・テープにかんする最もよく知られた本であるのみならず，もっぱらその問題に力が注がれた唯一の本である」という[1]。

　このたびの再刊にあたり，「アメリカにおける政府・法制改革のよく知られるリーダー」として活躍中のフィリップ・K・ハワードによる序文が新たに付けられることになった。そのため，旧版の当時におけるブルッキングス研究所理事長ブルース・マクローリーによる緒言は削除されたが，そこには旧版出版にかかわる重要情報が記載されているので，それも本訳書に収録することとした。

　なお，本書の表題について，原著の直訳『レッド・テープ――その起源，利用，濫用』どおりにしなかった事情を本書の冒頭部分で述べている。あわせて参照していただきたい。

---

1. Barry Bozeman, *Bureaucracy and Red Tape* (Prentice Hall, 2000), p.6. また，比較的最近の彼の共著では，「カウフマンの著作はそれが公刊されてから 30 年以上経ってもなお読まれ，その多くの洞察はその当時と同じく今日でも新鮮である」とされている。B. Bozeman and Marry K. Feeney, *Rules and Red Tape: A Prism for Public Administration Theory and Research* (M.E. Sharpe, 2011), p.25.

＊

　著者のハーバート・カウフマンは行政学分野では周知の研究者であるが，その略歴などが紹介されたことがないので，ここに簡単に記しておく[2]。1922年生まれであるから，すでに90歳を越える。ニューヨーク市立大学で学部課程を終え，同じマンハッタンのコロンビア大学大学院に進んだが，第二次世界大戦中の兵役で研究生活を中断され，終戦後，コロンビア大学に戻ったあと，合衆国農務省の森林局（U.S. Forest Service）にかんする調査プロジェクトを開始した。これがやがて，アメリカ行政学研究における名著で，半世紀を経てなお増刷されている稀有の著作，*The Forest Ranger*（1960）に結実することになったのであった。イェール大学政治学部での教員生活（1953～69年）を経たあと，ブルッキングス研究所の上席研究員として政府研究プログラムに従事した（1969～85年）。その後は古巣のイェール大学政治学部門の客員研究員になっている。また，行政学研究での卓越した貢献により，1969年に「ドゥワイト・ワルトー賞」を授与されており，また，その20年後の1989年には，アメリカ政治学会の行政学部門で「ハーバート・カウフマン賞」が設置されて，行政学分野での各年の最優秀ペーパーにそれが授与されている。

　上記の「稀有の著作」を含めて，カウフマンの主要著作には次のようなものがある。

The Forest Ranger: A Study in Administrative Behavior（Johns Hopkins University Press, 1960）.
Governing New York City（with Wallace S. Sayre）（Russel Sage Foundation, 1960）.
The Limits of Organizational Change（University of Alabama Press, 1971）.
Administrative Feedback: Monitoring Subordinates' Behavior（Brookings Instituion Press, 1973）.
Are Government Organizations Inmortal?（Brookings Institution Press, 1976）.

2.　カウフマンが自らの研究生活をふり返った興味深いエッセイとして，"Music of the Squres: A Lifetime of Study of Public Administration," *Public Administration Review,* vol.56, no.2, pp.127-138 (1996) がある。

The Administrative Behavior of Federal Bureau Chiefs（Brookings Institution Press, 1981）.

Time, Chance, and Organizations: Natural Selection in a Perilous Environment （Chatham House Publishers, 1985; 2nd ed. 1991）.

　また，カウフマンの業績として，主にアメリカ政治学会誌（*American Political Science Review;* APSR）やアメリカ行政学会誌（*Public Administration Review;* PAR）等に掲載されたいくつかの論文を忘れるわけにはいかない。ほかの2誌掲載論文も含めて代表作を挙げておくこととする。

"Emerging Conflicts in the Doctrines of Public Administration," APSR, vol.50, no.3（1956）.

"Organization Theory and Political Theory," APSR, vol.58, no.1（1964）.

"Administrative Decentralization and Political Power," PAR, vol.29, no.1（1969）.

"The Natural History of Organizations," *Administration & Society,* vol.17, no.2 （1975）.

"Fear of Bureaucracy: A Raging Pandemic," PAR, vol.41, no.1（1981）.

"Major Players: Bureaucracies in American Government," PAR, vol.61, no.1 （2001）.

"Ruminations on the Study of American Public Bureaucracies," *The American Review of Public Administration,* vol.38, no.3（2008）.

＊

　「レッド・テープ」といえば，いわゆる官僚主義の代名詞にもなっており，その病理的側面が際立たされる。だから行政改革の眼目とされ，OECDがそうであるように，「行政簡素化の国家戦略」として「レッド・テープの削減」（Cutting Red Tape）が掲げられ，規制改革推進のためのRed Tape Scoreboard（RTS）プロジェクトなどが設けられてきた[3]。日本語では中国伝来の「繁文 縟

---

3. OECD刊行物で邦訳されている文献として，山本哲三訳『世界の行政簡素化政策――レッド・テープを切れ』（日本経済評論社，2008年）がある。

礼」が当てられ，行政学の教科書で使われる場合には，どちらかといえば「レッド・テープ」よりもそちらが先に登場し，カッコ書きもしくはその説明文でRed Tape が付されることが多い。

　「レッド・テープ」にしろ「繁文縟礼」にしろ，官僚制研究では欠かせないキーワードであるが，それにふさわしい扱いを受けているかということになると，そうとは言えない。2014年度まで勤務した山梨学院大学大学院（社会科学研究科）のクラスでは「行政学特講」を担当していたこともあって，ほかの講義科目との差別化を図る観点からも，それらの用語に馴染むことは行政学を学んだことの証拠にもなるものであり，最重要語のひとつでもあると強調したりしたのだが，はたしてどこまで理解を得られたのか，はなはだ心許ない。そもそも，行政学の教科書の索引にそれらが登場しないこともめずらしくないのである。

　大学院のクラスは少人数ながら，その中で社会人の参加が多数を占めることもあって，英語文献等をそのまま使えないという事情もある。そんなことから，本書の粗訳の一部を参考に供してみたり，日本語であればと，大正時代の初めにおける船舶入港・出港手続きを扱った新聞記事で，短いながら「繁文縟礼」がくり返し登場する部分の，それもルビがふられていない漢字だらけのバージョンをコピーして，何が書いてあるかわかるかどうかと尋ねてみたりした。もちろん，単に，英語がダメなら日本語で攻めてみよう，というのではない。「繁文縟礼」なる用語が当たり前に使われていた時代にさかのぼって，それがどんなふうに一般社会で使われていたかを確認し，学術用語として用いる場合はどんなことになるのか，どのようにその問題をとらえたらよいのかを説明する手がかりにしようとしたのである。

＊

　カウフマンの本書は，どのページを開いても「レッド・テープ」の用語が出てくるのに，その定義がないと指摘される。ウェーバーの官僚制論と同じである。定義が重要なのではない。その概念化の仕方，とらえ方が大事なのであって，官僚制の逆機能分析と同様に，意図に反する結果をもたらすのはなぜなのか，そのことの分析を通して，病理が生理に根ざすことを押さえることが肝要

である。

　3章構成からなる本書の最初の第Ⅰ章でカウフマンは，レッド・テープがどのように嫌悪の対象になっているのか，それはなぜなのかについて概況説明をおこなう。個別施策には制約要件や禁止事項をともなった規制が多すぎるし，それらが的外れであることも少なくない。官僚制組織の惰性もある。発生した諸問題に対するすばやい対応は苦手であり，とかく時間がかかりすぎる。問題山積で沼地のような様相を呈する。こうしてレッド・テープを嫌悪の対象とすることから生まれるのが，公務員をスケープゴート視する偏見である。しかし彼らを「とがめ立ての引き受け手」として，いわゆる官僚バッシングをくり広げるだけでよいのか。そうではないはずだ。真の原因は私たちにあり，レッド・テープは私たちが作ったものだからである。

　そのことをテーマとする第Ⅱ章で著者は，アメリカ社会の民主的政府を支える二つの主要な価値特性，「代表性」（representativeness）と「思いやり」（compassion）に関連づけてレッド・テープの形成を説明する。前者の「代表性」は，前掲の主要論文の最初に挙げた「行政の教義」の歴史的展開にかんする珠玉の論文でも第一に摘出された価値である。本書ではそれに加えて後者の「思いやり」がもうひとつの主要価値として取り上げられる。粗訳では訳語を「同情」としたが，政府が関与することを求められるさまざまな関係には，大学と学生，自治体と住民，それに動物の飼い主と動物との関係なども含められることを考慮してこのように改めた。しかし，事柄は単純ではない。「代表性」と「思いやり」だけがレッド・テープを生み出すわけではない。もっと広く「多様性と不信と民主主義」が問題とされなければならないのである。

　さて，それならばどうしたらよいのか，それが最後の第Ⅲ章のテーマである。はたしてレッド・テープを一掃してしまうような一般的治癒策はあるのだろうか。政府規模の思い切った削減によってか，それとも州・地方政府への連邦権力の移譲によってなのか，あるいは，むしろ権限の集中化によってそれに対処するのか。いずれでもなく，市場メカニズムの効用を信頼した「私的利益の公的利用」による方法はどうか。しかし，レッド・テープ問題に対する万能薬などありはしない。一筋縄ではいかないのだから，やはり具体的な症状ごとに苦痛の緩和につとめる「臨床的アプローチ」しか頼みとすることはできないのだ。

レッド・テープの廃絶はできない。したがって，レッド・テープにまつわる諸問題の全面的解決はできないのだ。その厳しい現実を直視することから，現実の具体的な問題をめぐる闘いを進めるしかない。こういうことなのである。

＊

　本書の翻訳を考え始めたのは，少し前のことである。前任校（中央大学）を離れるときの記念研究会で最終講義に代わる報告を終えたあと，その席上で今後の仕事について尋ねられた際，せめて，翻訳するのに値するような薄めの英書を訳してみたいと答えたことがある。そのとき私の念頭にあった一冊が本書であった。

　あらためて翻訳作業に本格的に取り組み始めたのは，山梨学院大学へ移籍して3年目の桜シーズンが終わったころであった。大学院のクラスで本書の粗訳の一部を参考に供してみたことは既述したが，それは第Ⅰ章の後半部分で，「政府過程全体の評価に汚点を残すような気の滅入る話のひとつ」として，ある青年労働者が重い精神疾患に悩まされて精神科病院に送られた事案の処理をめぐるケースを扱った箇所が，その一例である。

　翻訳の過程で留意したのは，原著の最初の刊行からかなりの年月が経っていることを考慮して，連邦政府機関編制の変更の中で主だったもの，政策変更があったもの，訳語上もしくは日米の違いについて注意が必要なものなどに若干の説明（訳注）を加えるようにしたこと，また数は少ないが邦訳文献について脚注に補記するようにしたことくらいである。なお，わかりやすくするために本文中にも一部につき補記をおこない，該当箇所には脚注のそれとあわせて〔　〕を付している。

　訳出作業を終えても，出版のめどはなかなか立たなかったが，日本行政学会理事長 真渕勝氏の勁草書房編集部への引き合わせもあって，このたびようやく刊行にこぎつけることができた。冒頭で記したように，原著が「ブルッキングス・クラシック」の一冊として再刊されたことが幸いしたのかもしれない。折にふれてご心配をいただいたみなさんに心からお礼を申し上げたい。とりわけ編集部の上原正信氏には，著作権交渉をはじめとしてご苦労をおかけした。あらためて感謝を申し上げる。

訳者あとがき——解説を兼ねて

レッド・テープ研究の進展を願って

今村 都南雄

事項索引

あ行

相次ぐ権力集中の提言　　81-82
曖昧さ　　1, 14, 59, 86, 88, 98
アカウンタビリティ　　x
アメリカ人にとっての政府　　45
一般的治癒策の提言　　64-87
　　政府規模の縮減　　65-73
　　連邦権力の移譲　　74-80
　　権限の集中化　　80-84
　　金銭インセンティブの操作　　84-87
思いやりと代表性　　34
思いやりの価値特性　　33-44
　　当事者関係への政府介入　　34-37
　　苦難の軽減　　37-42
　　社会保障分野の事例　　39-42
　　システム崩壊の防止　　42-44
　　政治的方便としての思いやり　　44
オンブズマンへの期待と不安　　97-98

か行

改革の大きすぎる標的　　90-92
外部集団の参加　　48, 50-53
課税と補助金の利用　　85-87
課税への不満　　58-59
官僚制　　iv-vi
官僚制の諸問題　　iv
官僚制文化　　v
官僚世界の相矛盾する描写　　25-26
規制プログラムの失敗　　16-20
規制要件の多さ　　5-9
規制要件の重複・矛盾　　12-15
行政実務の惰性　　15-16
行政職員に対する非難　　25-26
行政職員のフラストレーション　　26-27
行政手続法　　45-48
行政の適正手続　　45-48
金銭インセンティブの操作　　84-87

苦難の軽減　　37-42
クリスマス・ツリー法　　59
決定の遅延・遅滞　　21-22
権限の集中化　　80-84
権力移譲の対抗要因　　76-80
権力分散・移譲のメリット　　75
公共文化　　v
公的裁量の濫用　　54-55
公務員の自律性　　iii
国家政策の散逸　　76-77
コミュニティレベルの受容　　51, 75
コモン・ロー　　1

さ行

裁量・裁量権　　x-xi, 26
裁量と制約のトレードオフ　　99
システム崩壊の防止　　42-44
「私的利益の公的利用」　　84-87
自動制御政府　　iv
死と走性　　99-102
市民の困惑　　92-93
社会保障分野の事例　　39-42
集中による混雑の回避　　74
障害給付金停止措置の事例　　22-24
消費者　　vii, 17, 18, 19, 35, 66, 67, 69, 93, 95
情報化のインパクト　　101
情報の自由（情報自由法）　　14, 56
政治的方便としての思いやり　　44
政府機能の拡大（苦痛の軽減）　　37-42
政府規模の縮減　　65-73
「政府再生」イニシアティブ　　ix
政府サービスの負担軽減ロジック　　67
政府縮減の対抗要因　　67-73
政府縮減の得失　　68-70
政府職員に対する適正手続保障　　48
政府職員の裁量に対する制約　　26-28, 54-55, 60, 76, 88
政府成長への期待と促進要因　　70-73

政府文化　　iii
政府文書・提出資料の洪水　　7-9, 10-12
政府への不信　　viii, ix, 44, 59-60, 65
増大する記録文書　　7-8, 100

　　　た　行

対応策の卸売り　　68, 79, 89
代表性の価値特性　　44-59
　　行政の適正手続　　45-48
　　代表，合理性，行政の有効性　　48-53
　　外部集団の参加　　51-53
　　私的歪曲・逸脱行為のおそれ　　53-58
　　代表をともなう課税　　58-59
多彩な当事者関係　　36
多様性と不信と民主主義　　59-60
デービス=ベーコン法　　vii
当事者関係への政府の介入　　34-37
透明性を備えた個人責任　　ix

　　　な　行

人間責任のモデル　　ix-xii
認知の仕方　　10, 21
「抜け穴」と「栓」　　88
抜け目のないオペレーター　　88

　　　は　行

万能薬はない　　87-89
『フォレスト・レンジャー』　　iii, iv, viii, x, xii
不正行為防止の必要性　　53-58
不適切な要件　　10-12
不毛な一般的治癒策の探求　　ix, 64-87
プライバシー　　14, 56, 101
分散・分権化による求心化の要請　　79-80

文書記録とレッド・テープの同一視　　90
文書記録への不満　　85-86, 90-91
ポイント外れの規制要件　　vii, 9-20
　　不適切な要件　　10-12
　　行政実務の惰性　　15-16
　　要件の重複・矛盾　　12-15
　　規制プログラムの失敗　　16-20

　　　ま　行

埋没費用　　68
民主主義　　xi, 59-60

　　　や　行

有害な副産物（比喩）　　vii, 63-64
誘導的裁量　　x
誘惑の大きさと私的歪曲のおそれ　　53-58

　　　ら　行

利害関係者の決定参加　　48-53
臨床的アプローチ　　x, 100
臨床的距離感　　2
レッド・テープの語源　　1
レッド・テープの沼地　　vi, 21-24
レッド・テープの副作用　　68
レッド・テープの負担とコスト（家賃統制の事例）　　66-67
レッド・テープ非難のスケープゴート　　xii, 24-29
連邦権力の移譲　　ix, 74-80
連邦議会の「ケースワーク」　　93-94, 96
連邦（市民）情報センターの活動　　95-96
連邦文書記録委員会の活動　　90-92
連邦文書記録に反対する闘い　　82-84

機関・組織別索引

あ 行

アメリカ小売業協会　American Retail Association　91
アメリカ総合建築協会　Associated General Contractors of America　91
一般調達局　General Services Administration　56, 94, 95
エネルギー調査開発局　Energy Research and Development Administration　43
沿岸警備隊　Coast Guard　35

か 行

会計検査院　General Accounting Office（現・Government Accountability Office）　71, 98
会計検査院長　Comptroller General　91
核規制委員会　Nuclear Regulatory Commission　58
合衆国商工会議所　Chamber of Commerce of the United States　91
環境保護庁　Environmental Protection Agency　43
機会均等雇用委員会　Equal Employment Opportunity Commission　71
行政管理予算庁　Office of Management and Budget　55, 56, 91
空軍省　Department of the Air Force　72
経済機会局　Office of Economic Opportunity　81
国勢調査局　Census Bureau　10, 91
国防省　Department of Defense　43, 72

さ 行

財務管理機構　Financial Executives Institute　91
財務省　Department of Treasury　71
司法省　Department of Justice　6, 56, 98
司法長官　Attorney General　56
社会保障局　Social Security Administration　22, 40, 41, 91, 94
州際通商委員会　Interstate Commerce Commission　35
住宅建設促進局　Housing Expediter　81
上院小規模ビジネス小委員会　Senate Select Committee on Small Business　11
上院政府活動委員会小委員会　Senate Committee on Government Operation　71
証券取引委員会　Securities and Exchange Commission　6
消費者製品安全性委員会　Consumer Products Safety Commission　35
商務省　Department of Commerce　6, 43, 50,
食品医薬品局　Food and Drug Administration　vi, 12, 22, 35, 76
戦時動員局（旧）　Office of War Mobilization　81
戦争・海軍省（旧）　War and Navy Department　72
全米海洋大気庁　National Oceanic and Atmospheric Administration　72

113

全米交通安全委員会　National Transportation Safety Board　　35
全米公認会計士協会　National Society of Public Accountants　　10, 91
全米小売金属製品加工業協会　National Retail Hardware Association　　91
全米製造業協会　National Association of Manufacturers　　91
全米調停委員会　National Mediation Board　　43
全米独立経営者連合　National Federation of Independent Business　　91
全米放送業協会　National Association of Broadcasters　　91
全米労働関係委員会　National Labor Relations Board　　43
ソヴァーン委員会（ニューヨーク市）　Sovern Commission　　ix

た　行

退役軍人庁　Veterans' Administration（現・退役軍人省 Department of Veterans Affairs）　　50, 94
通貨監査官　Comptroller of the Currency　　70
独立仲買卸売業協会　Independent Broker-Dealers Trade Association　　91

な　行

内国歳入庁　Internal Revenue Service　　4, 91, 94
内国歳入庁長官　Commissioner of Internal Revenue　　91
内務省　Department of the Interior　　43
農務省　Department of Agriculture　　35, 50

は　行

保健教育福祉省　Department of Health, Education, and Welfare　　71

や　行

予算局（旧）　Bureau of the Budget　　15, 82（「行政管理予算庁」も参照）

ら　行

連邦エネルギー庁　Federal Energy Administration　　43
連邦官報局　Office of the Federal Register　　100
連邦航空局　Federal Aviation Agency　　35
連邦裁判所　Federal courts　　7, 22
連邦住宅貸付銀行理事会　Federal Home Loan Bank Board　　70
連邦準備制度　Federal Reserve System　　70
連邦情報センター　Federal (Citizen) Information Centers　　95, 96
連邦調停仲裁庁　Federal Mediation and Service　　43
連邦通商委員会　Federal Trade Commission　　6, 35
連邦通信委員会　Federal Communications Commission　　4, 22
連邦文書記録委員会　Federal Paperwork Commission　　82, 83, 90
労働安全衛生局　Occupational Safety and Health Administration　　91
労働省　Department of Labor　　11, 43, 50

人名索引

あ 行

オーウェル　Orwell, George　　23
オバマ大統領　Obama, Barack　　vi

か 行

カーク　Quirk, Paul　　xiii
カフカ　Kafka, Franz　　23, 92, 93
カーライル　Carlyle, Thomas　　i, ii
ケーガン　Kagan, Robert　　xi
ケルマン　Kelman, Steven　　xi
ゴア副大統領　Gore, Al　　ix

さ 行

サイモン　Simon, William　　xi
サンスティーン　Sunstein, Cass　　ix
サンドキスト　Sundquist, James L.　　xiii
ジェファソン　Jefferson, Thomas　　65
シャック　Schuck, Peter　　xi
セイラー　Thaler, Richard　　ix

た 行

ドラッカー　Drucker, Peter　　x

な 行

ネイサン　Nathan, Richard P.　　xiii

は 行

ハミルトン　Hamilton, Alexander　　65
ハワード　Howard, Philip K.　　i, iii, xii, 103
ファーレル　Farrel, James L.　　xiii
フィン　Finn, Chester E. Jr.　　xiii
フォード大統領　Ford Jerald R.　　71
フーバー大統領　Hoover, Herbert C.　　viii, 82
ヘクロ　Hecro, Hugh　　xiii

ま 行

マクローリー　Maclaury, Bruce K.　　xiii, xiv

ら 行

ライト　Light, Paul　　xi
リトラー　Littler, Mark D.　　xiii
ロバック　Roback, Herbert　　xiii

著者紹介

ハーバート・カウフマン（Herbert Kaufman）
1922 年生まれ。コロンビア大学大学院を修了。イェール大学政治学部教授，ブルッキングス研究所上席研究員などを務めた。専門は行政学。
主著に *The Forest Ranger: A Study in Administrative Behavior* (Johns Hopkins University Press, 1960), *The Administrative Behavior of Federal Bureau Chiefs* (Brookings Institution Press, 1981), *Time, Chance, and Organizations: Natural Selection in a Perilous Environment* (Chatham House Publishers, 1985; 2nd ed. 1991) などがある。

訳者紹介

今村 都南雄（いまむら つなお）
1941 年生まれ。国際基督教大学大学院行政学研究科修士課程を修了。中央大学法学部教授，山梨学院大学法学部教授などを務めた。日本行政学会理事長（2002-04 年）等を歴任。
主著に『行政学の基礎理論』（三嶺書房，1997 年），『官庁セクショナリズム』（東京大学出版会，2006 年），『ガバナンスの探求——蠟山政道を読む』（勁草書房，2009 年）など。

官僚はなぜ規制したがるのか
　　レッド・テープの理由と実態
2015年12月20日　第1版第1刷発行

著　者　ハーバート・カウフマン

訳　者　今　村　都南雄
　　　　　いま　むら　つ　な　お

発行者　井　村　寿　人

発行所　株式会社　勁　草　書　房
　　　　　　　　　　けい　そう

112-0005　東京都文京区水道2-1-1　振替　00150-2-175253
　　　　　　電話（編集）03-3815-5277／ＦＡＸ 03-3814-6968
　　　　　　電話（営業）03-3814-6861／ＦＡＸ 03-3814-6854
　　　　　　　　　　　　港北出版印刷・松岳社

Ⓒ IMAMURA Tsunao　　2015

ISBN978-4-326-30245-1　　Printed in Japan

JCOPY　＜(社)出版者著作権管理機構　委託出版物＞
本書の無断複写は著作権法上での例外を除き禁じられています。
複写される場合は，そのつど事前に，(社)出版者著作権管理機構
（電話 03-3513-6969，FAX 03-3513-6979，e-mail : info@jcopy.or.jp）
の許諾を得てください。

＊落丁本・乱丁本はお取替いたします。
　　　　http：//www．keisoshobo.co.jp

今村都南雄
ガバナンスの探求——蠟山政道を読む
その存在なしに日本の政治学・行政学を語ることが難しいほどの巨人・蠟山政道。その生涯と思想を読む。　　　　　　　　　　　　　　　　　　　　　　　　　3500 円

ジョン・C. キャンベル　真渕勝 訳
自民党政権の予算編成
日本の予算政治を描いた名著が新訳で登場！　財務省はどんな戦略で「財布」の紐を締め，省庁や自民党はそれにどう挑戦するのか？　　　　　　　　　　　　　4800 円

G. キング，R. O. コヘイン，S. ヴァーバ　真渕勝 監訳
社会科学のリサーチ・デザイン——定性的研究における科学的推論
どのように研究をすすめればよいのか？　アメリカの政治学会で定性的手法復興のきっかけとなった，実践的方法論の教科書。　　　　　　　　　　　　　　　　3800 円

スティーヴン・ヴァン・エヴェラ　野口和彦・渡辺紫乃 訳
政治学のリサーチ・メソッド
すぐれた研究の進め方とは？　全米の大学で使われている定番テキストをついに完訳！　社会科学のエッセンスを伝授する。　　　　　　　　　　　　　　　　　　1900 円

A. ジョージ＆ A. ベネット　泉川泰博 訳
社会科学のケース・スタディ——理論形成のための定性的手法
すぐれた事例研究の進め方とは？　事例研究による理論の構築と検証，事例研究の3段階などを実践的にガイドする。　　　　　　　　　　　　　　　　　　　4500 円

H. ブレイディ＆ D. コリアー編　泉川泰博・宮下明聡 訳
社会科学の方法論争——多様な分析道具と共通の基準 ［原著第 2 版］
Rethinking Social Inquiry の全訳。どの研究手法をどう使えばいいのか？　KKV 論争がこれで理解できる。便利な用語解説つき。　　　　　　　　　　　　　　4700 円

——————————————————————————— 勁草書房刊

＊表示価格は 2015 年 12 月現在，消費税は含まれておりません．